出口王仁三郎

【復刻版】

大本裏神業の真相

中矢伸一

ヒカルランド

はじめに――出口王仁三郎とは何を為した人物なのか

近代宗教界に現れた巨人として、今でも多くの日本人を魅了しつづける男がいる。

その名は、出口王仁三郎《でぐちおにさぶろう》。

大本《おおもと》という、明治・大正・昭和の時代に一世を風靡《ふうび》した宗教団体を率い、日本一国のみならず、世界を相手に徒手空拳、大いに暴れまわり、官憲より二度にわたる大弾圧を受けるに至った。

その破天荒で波瀾に富んだ生きざまは、「三千世界の大化物」の異名にふさわしく、常識のワクではかることが難しい。

大本は、世界大改造の「型」を出すところであり、王仁三郎の統率の下、神命に従いながら、信徒・未信徒を含めて「善悪の鑑《かがみ》」を演じたと言われる。

そのためか、王仁三郎の評価は今でも二つに分かれる。

人類史上稀にみる偉大な宗教人と評する向きもある一方で、王仁三郎は剽窃《ひょうせつ》の天才であったとする説もある。後年、自ら天皇さながらの行為を取るようになった彼を、妖魅《ようみ》に取り憑かれたとして蔑《さげす》む人もいる。

しかし、表の大本史には出てこない、いわゆる「裏の大本」を研究していくと、王仁三郎という人物の底知れなさを改めて思い知らされる。

世界を根本的に改造するには、世界の「型の国」である日本を立て替えねばならない。さらに日本を立て替えるためには、その「型」である大本を、潰《つぶ》さねばならない。これが王仁三郎の信念であった。

そのため、彼は官憲からの徹底的な弾圧を「望んでいた」らしいのである。

しかし、当局がなかなか弾圧をしてくれないので、昭和八年、亀岡の東光苑において、軍事色を強めた昭和青年会（大本の外郭団体）の一団を並ばせ、白馬にまたがって閲兵するという、天皇を模したパフォーマンスを演じてみせた。

この頃よりようやく当局が動き始め、昭和十年十二月、かの有名な「第二次大本弾圧事件」が起こったのである。この弾圧により、自らも逮捕・拘引された後、王仁三郎は面会に訪れたある人物に対し、「やったで、弾圧や」と喜んだという。

大本が潰されることが神定《しんてい》の摂理であることを知っていた王仁三郎は、自らは監獄行きにはなったが、その後の仕組みを密かに大本信徒四十八名に託し、救世の神業を行わせた。これが大本神業最大の謎とも言われる「一厘《いちりん》の仕組《しく》み」である。

一厘の仕組みを託された人物たちについて、詳しいことはほとんどわかっていない。だが、その中心的メンバーとされるのが、菰野《こもの》に「錦乃宮《にしきのみや》」を建設する辻天水《つじてんすい》、淡路島出身の数霊学者・武智時三郎《たけちときさぶろう》、そして『日月神示《ひつきしんじ》』を伝達した岡本天明《おかもとてんめい》の三名である。彼らは北伊勢に集い、神命のままに神業を行っていく。

いわば、出口ナオに伝達された『大本神諭《しんゆ》』と『日月神示』が「厳霊《げんれい》」系の神示だとすれば、王仁三郎の口述による一大神書『霊界物語』と辻天水のもとに伝達された『天言《てんげん》鏡《きょう》』『龍宮神示』などの神典群は、「瑞霊《ずいれい》」系の神示ということが出来るだろう。

北伊勢で人知れずに仕組まれたこれら厳（タテ）・瑞（ヨコ）あやなす神策により、「一厘の仕組み」は成就したと言われる。

大本で打ち出された型はやがて日本に拡大して移写し、日本に起きた出来事は、そのまま型となって世界全体に移写し、地上天国「みろくの世」が顕現すると言われる。

これが真実であったとするならば、出口王仁三郎という人は、まさしく救世主の名にふさわしい人物であったのかもしれない。

そうした大本の「裏神業《うらしんぎょう》」の全貌は、本書において明らかになるだろう。

また、全盛期の大本時代、王仁三郎と袂《たもと》を分かち、反王仁三郎勢力として活動を展開した元海軍軍人・矢野祐太郎《やのゆうたろう》の業績も、本書において明らかになる。彼が生命を賭して神業を行い、資料として後世に遺したことも、「一厘の仕組み」を考える上でなくてはならないことである。とりわけ、「日《ひ》の出《で》の神」「龍宮乙姫《おとひめ》」の経綸《けいりん》上の役割を世に明らかにしたことは特筆すべきと思われる。

さらに、大本という霊的磁場発生の因縁は、古代史的観点からみても、十分に整合性があると筆者は見ている。

何故大本は丹波《たんば》で発生したのか。そして何故、出口ナオ開祖に降りた神は〝国常立尊《クニトコタチノミコト》〟であったのか。

伊勢神宮の外宮《げくう》祭神・豊受大神《トヨウケノオオカミ》の元の鎮座地が丹波（丹後）地方と言われ、外宮神官である度会《わたらい》家の確立した伊勢神道（外宮神道）では、豊受大神を国常立尊と同一視しているのは何故か。

度会家は、出口姓をも名乗る家系である。そして王仁三郎説によれば、豊受大神はもともとは綾部《あやべ》の本宮山で祀られていたという。

これらはどうやら一つの糸で結びつくようだ。

そして、丹後・丹波・但馬《たじま》の三丹地方から岐阜、伊勢に至る広大な地域を治めた、ホアカリノミコトを始祖と仰ぐ海人族系の部族たち。彼らと大本とのつながりには、極めて深いものがあった。この謎を解くことにより、丹波の綾部と亀岡が何故大本の聖地となったのかという因縁も、明らかになっていくのである。

本書は先に刊行した拙著『【復刻版】出口王仁三郎　三千世界大改造の真相』（ヒカルランド）の続編的性格を持つものである。

したがって、大本発生の経緯や、その詳しい活動の歴史、あるいは出口ナオ、出口王仁三郎の二人の教祖の生涯などについては、重複を避けるために、ほとんど前作に譲っている。ただし、初めて出口王仁三郎という人物に接する読者のために、第一章と第二章においては、前作と重なる部分もあることを承知で書かせて頂いた。

出口王仁三郎とは何をしようとした人で、実際には何を為《な》した人物だったのか。

その実像に迫るには、特定の宗教団体に利するようなやり方を避け、一つの狭い枠組みに囚われずに、複眼的に検討する必要がある。

筆者のささやかな努力で、その実像を解明できたとはとうてい言えるものではないが、本書が、混迷を一段と深めながら大きな転換点に差しかかりつつある日本の現代社会に生きる人々に、何らかの人生上のヒントをもたらすことが出来れば、望外の幸せである。

〈おことわり〉
本書は1996年頃の時点での取材をもとに構成・執筆した『出口王仁三郎・大本裏神業の真相』（KKベストセラーズ）を復刻したものです。
当時から今日に至るまでの経緯は一切把握しておりませんので、現在の「裏神業」系の動きと本書とはまったく無関係であることを念頭にお読み頂ければ幸いです。

二〇二一年十月

中矢伸一

目次

はじめに――出口王仁三郎とは何を為した人物なのか　1

第一章　出口王仁三郎と「雛型経綸」の謎

大化物・出口王仁三郎　偉人か、狂人か、救世主か　16
明治二十五年、「大本」の誕生　20
王仁三郎は大本の第一次弾圧を予見していた　24
驚異の神典・『霊界物語』の口述　27
入蒙壮挙――満蒙に理想王国を打ち立てる　31
世界的躍進と「人類愛善会」「昭和神聖会」の設立　33

すべては瓦礫と灰に――第二次大本弾圧事件 37
昭和二十三年一月、巨星逝く 40
大本の「型」が日本にうつる 42
五十年が必要であった「地の準備神業」 45
「雛型経綸」による立替えの仕組みとは 48
王仁三郎は、世界大改造の型を行った 50

第二章 「日の出の神」の謎と矢野祐太郎の神界論

善のかがみと悪のかがみ 56
救世主神的性格の「日の出の神」について 58
肝川騒動と王仁三郎とのかかわり 60
優れた霊的能力を有していた矢野祐太郎 66
「入蒙」裏工作秘話 68

「日の出の神」の神業を受け継いだ矢野夫妻　70
『神霊密書』の編纂　74
検察を手こずらせた矢野の堂々の供述　78
矢野は自分が当局に殺されることを予見していた　80
矢野の解明した「神霊界」の真相とは　84
「日の出の神」と「龍宮乙姫」は二柱で一魂　89
矢野祐太郎の解明した「日の出の神」の正体　94

第三章　大本発生の古代史的因縁

大本は何故丹波で発生したのか　100
丹波の鬼伝承と「鬼三郎」　101
丹波王朝の祖神・ホアカリは日本国の初代天皇か？　105
大江町の「元伊勢」と出口ナオの「水の御用」　107

丹後元伊勢・籠神社に秘められた因縁 112
籠神社の奥宮・冠島の老人島神社の祭神はホアカリだった 113
大本の御神体石「ミタマ石」秘話 116
豊受大神と丹後の古伝承 123
王仁三郎は豊受大神を、伊都能売神と説いていた 127
豊受大神と国常立尊とは同神異名か 129
国常立尊を最高神として奉じた神道家たち 131
『富士文献』にみる国常立尊と丹波との関係 134
丹波一ノ宮・出雲太神宮は国常立尊を祀る？ 137
綾部の本宮山が豊受大神の最初の鎮座地だった？ 139
『霊界物語』特別篇「天祥地瑞」と『富士文献』の符合 141

第四章　「一厘の仕組み」の謎と北伊勢神業

瑞霊・出口王仁三郎は〝救い主〟か　148
最後に演じられる「一厘の仕組み」とは何か　151
昭和十九年に始まる「日月神示」の伝達　155
日月神示に示された「一厘の仕組み」　159
「一厘の秘密」と「一厘の仕組み」の関係　161
海人族の伝承と関係がある「潮満珠」「潮干珠」　164
雛型経綸の総仕上げ「大本裏神業」とは何か　167
注目される美濃・尾張の仕組みと北伊勢神業　170
天才的な数霊学者であった武智時三郎　174
辻正道に託された大本裏神業とは　178
王仁三郎はどうしても大本を潰す必要があった？　183

最後の経綸は北伊勢・菰野で行われた　188

第五章　錦之宮神示に見る最終預言

錦之宮で展開した大本裏神業　194
辻天水とはどんな人物か　196
日出麿から日の出の神の御役を引き継ぐ？　200
天水、王仁三郎から裏神業を託される　203
霊身で現れる出口王仁三郎　206
三人の北伊勢神業奉仕者が相次いで帰幽する　210
天水の錦之宮には瑞霊系神示が降ろされた　215
霊界物語の世界観を受け継ぐ『龍宮神示』について　218
鍵を秘めた『天言鏡』について　221
『天言鏡』は複合的な読み方が可能　227

錦之宮神示にみるホアカリノミコトとの奇しき因縁　235
『神言書』は来るべき大峠に関する預言書　237
「みろくの世」に移る心構えを記した『松の世』　241

あとがき――一理の仕組みが発動し、「みろくの世」が顕現する……　246
参考文献　254

カバーデザイン　櫻井　浩（⑥Design）
本文仮名書体　文麗仮名（キャップス）

第一章

出口王仁三郎と「雛型経綸」の謎

大化物・出口王仁三郎　偉人か、狂人か、救世主か

関東大震災から間もない大正十二年の初冬。

丹波路の美しい紅葉も枯れ散った頃、東京から綾部の上野町の自宅に引き揚げてきた矢野祐太郎のもとに、まだ責付《せきふ》出獄（仮出所）の身であった出口王仁三郎が訪ねてきた。

王仁三郎は、あがり込むなり、矢野に向かってこう言った。

「紅卍字会《こうまんじかい》から客分で来てくれって言うんじゃで、行こうと思うが、あんたはどう思うか」

矢野は、例によって相手を見抜くような鋭い眼差しで王仁三郎を見つめた後、こう返答した。

「どうせ行くなら、客分なんて居候で行くより、蒙古（モンゴル）のド真ん中に大本教を樹《た》て、世界を相手に宣道運動をやるくらいの気概を持つことですよ」

王仁三郎は、我が意を得たりとばかりに笑みを浮かべた。

「それじゃあんた、それの力になってくれるかな」

「なりましょう」

明治生まれの男どうしの話は早い。しかも矢野祐太郎と言えば、つい先頃まで海軍に属していたエリート軍人であった。間もなく大佐から少将に昇進する内定があったものを蹴り、霊学研究に身命を捧げるために大本に飛び込んだ筋金入りの人物である。

彼はこの頃、満州の奉天に「三矢商会」という事務所を開いて武器商を営んでいた。当時奉天の城内に居住していた馬賊の頭目・盧占魁《ろせんかい》将軍とも親しかった矢野は、王仁三郎の蒙古入りを画策するべく準備を進めていく。

翌十三年、王仁三郎は突如としてわずかな手勢を引き連れて大陸に渡り、盧占魁の助力を得ると神軍を組織、「日月地星」をはためかせながら大本王国樹立のため堂々の行軍を開始するのである。

ひと昔前の日本には、ケタ外れの人物が何人も現れている。西郷隆盛しかり、勝海舟しかり、坂本竜馬しかり。

彼らの名は、歴史の教科書や数多くの伝記や小説によって、国民に広く親しまれており、その名を知らぬものはいない。

だが、出口王仁三郎という人物の名は、一般にはほとんど知られていないと言ってよい。否、知られていないのではなく、人々の脳裏から忘れられてしまったと言った方が正確である。

明治期、丹波の片田舎に発生した新興の宗教団体・大本。その教主であった出口王仁三郎は、大正、昭和の時代、一般人のみならず、知識層・軍人・皇族・宗教家・俠客らを巻き込み、膨張しつつ、日本のみならず世界の五大陸にその名を轟《とどろ》かせた。

良い意味でも悪い意味でも、大本と王仁三郎の名を知らぬ日本人は、当時は少なかったのである。

今日、日本のマスメディアは王仁三郎のことをいっさい取り上げないが、七〇年代に一世を風靡した「ノストラダムスの大予言」から始まるオカルトブームに乗る形で、また九〇年代以降はインターネットの普及などにより、次第に王仁三郎の名は復活しつつある。大本の信徒でなくとも彼を信奉する者は多いし、信奉とまではいかなくとも、その人物に魅せられた若いファンは着実に増えているようだ。

一方で、彼に対する評価は、様々なものがある。

ある人は彼を「山師」と呼び、「大法螺《ぼら》吹き」と呼ぶ。ある人は類まれな天才的宗教家であったと評する。またある人は王仁三郎こそ救世主であったと主張する。ピンからキリまで、こんなに幅広い評価のある宗教指導者も珍しい。それは、出口王仁三郎という人が、本当に通常の物差しでは計り知れない、ケタ外れの人物であったことを示している。

「山師」と称する者も、「国賊」と弾劾《だんがい》する者も、「神の化身」と崇《あが》める者も、みんな丸ごと受け容れた人。王仁三郎は、そんなとてつもなくスケールの大きい人であった。

実際のところは、いったいどのような人だったのだろうか。何を考え、何を為そうとした人だったのか。

彼は自らを「大化物」と称したが、型破りで破天荒なその生きざまは、たしかに魅力的であり、痛快無比なところがある。

ところで、一説によると、大本は世界大改造の「型」を行ったと言われる。大本に起こった出来事が、「立替え・立直し」のプロトタイプとなり、池に投じられた一石の水面に描き出す波の輪が池全体に拡がるように、やがて日本に、そして世界に拡がって、万有和楽の「みろくの世」が実現するのだという。これを「雛型経綸《ひながたけいりん》」と呼ぶ。

出口王仁三郎は、この雛型を地上界で演じる総指揮者として動いたのであり、見事その聖使命を終えると、神籍に還ったのだという。

出口王仁三郎とは、はたして偉人なのか、狂人なのか、救世主なのか。

本稿では、前著とも重複するところも若干あるが、まずは出口王仁三郎という人物の経歴と素顔に迫り、「雛型経綸」の謎について触れてみることにしたい。

明治二十五年、「大本」の誕生

大本発生の端緒は、明治二十五年の旧正月に遡《さかのぼ》る。

丹波・綾部で極貧生活を送っていた出口ナオに、突如として〝艮《うしとら》の金神《こんじん》〟を名乗る神が憑かった。

無学・無教養な一介の田舎主婦が、〝三千世界（神界・幽界・現界の三界すべてということ）の立替え・立直し〟という大それたことを叫び出し、真夜中でも「改心せよ」と怒鳴って回った。無論、相手にする者など誰もいなかった。

「三ぜん世界一度に開く梅の花、艮の金神の世になりたぞよ……」の有名な句で始まる天啓を受けることとなった開祖・出口ナオは、やがて叫ぶかわりに、神意のままに半紙に膨大な量の神からのメッセージを綴っていく。これが最終的に半紙二十万枚、一万巻にも及んだ『大本神諭《しんゆ》』、通称「お筆先」である。

最初は狂人扱いされていたナオのもとにも、徐々に「お筆先」を信じる人たちが集まり始め、綾部に信者らしき集団が形成されていく。

明治三十二年、亀岡からやって来た青年、上田喜三郎《きさぶろう》がナオの神業に加わることとなり、翌年、ナオの末子であった澄《すみ》（後に二代教祖となる）と結婚して出口家の婿養子に迎えられると、大本は彼の助力を得て、顕著な発展を見ることになる。この上田喜三郎こそ、後の出口王仁三郎である。

毘沙門天に扮した出口王仁三郎

大本では、教義上、出口ナオが変性男子《へんじょうなんし》（肉体は女だが魂は男）の「厳《いづ》の御魂《みたま》」、出口王仁三郎が変性女子《へんじょうにょし》（肉体は男だが魂は女）の「瑞《みづ》の御魂」とされ、厳と瑞の経緯《たてよこ》二魂が打ち揃うことにより、経緯あやなす「錦の御旗」の仕組みが展開し、万有和楽の地上天国「みろくの世」が顕現すると説かれる。

その意味では、喜三郎がナオのもとで共に神業に励むことになったこの時こそ、本当の意味での大本のスタートだったと言えるだろう。

王仁三郎は、明治政府による神祇《じんぎ》政策（国家神道）との兼ね合いをはかりながら、教義面での整備を進め、合法化の道を探りつつ、盛んな宣布活動を行っていく。

そうするうちに、綾部には全国津々浦々から、神の御心のままの理想郷をこの世に顕現するために「世の大立替え」が間もなく起こるという大本の教義を信じた人々がどっと詰めかけるようになった。

かつての「オウム真理教」の時とはまた違うけれども、故郷を引き払い、一家総出で綾部にやって来て、全財産を大本に献納する者も少なくなかった。

知識人や軍人、皇族などにも信者が続出した。とくに、帝大卒のエリート英文学者で、海軍大学校で英語教官を務めていた浅野和三郎《わさぶろう》の入信は大きかった。

浅野は参綾して開祖や王仁三郎に面会し、「筆先」を熟読するなり即、熱烈な信奉者となった。そして持ち前の博覧強記の才で頭角を現し、ついに実質的に大本ナンバーワンの実力者になった。当時、浅野の大本内部での力は王仁三郎をもしのぐもので、「大本の浅野か、浅野の大本か」と噂されるほどであったという。

その浅野は、「筆先」を詳細に検討した結果、世の大立替えの到来時期を「大正十年」と定め、ますます終末思想的な布教キャンペーンを張る。これに同調して気炎を上げる有力信者も多かった。

またこの頃には、友清天行《ともきよてんこう》（歓真《よしさね》）、岡田茂吉、谷口正治《まさはる》（雅春）など、後に独立して押しも押されぬ一派を築く新宗教の教祖の卵たちが、浅野と共に論陣を張っていた。

大正十年にいよいよ〝世の大峠《おおとうげ》〟がやって来る――そのような空気が大本を支配するなか、王仁三郎は実に曖昧な態度を取る。

大正九年四月に発行された教団機関誌『神霊界』誌上で、王仁三郎は浅野のことを、「十字架を負うて教に殉ぜんとする犠牲的勇者」と表現し、さらには、「まだまだ私の口からは本当の（大峠の）時期は申し上げられない」が、浅野の説が万一破れるようなことがあっても、「浅野総裁其人に対しては、私は別に不足も不平も持たぬ」と述べている。

王仁三郎は、明治三十一年の高熊山修行で五大神通力を得、現界の出来事は数十年、数百年の未来まで見透す力をつけたと述べている。それが本当ならば、二、三年の後に天地がひっくり返るような大峠が来るものなのかどうか、わからなかったはずはない。だが、どういうわけか彼は浅野ら強弁な幹部たちに任せ切り、ハッキリした態度を表明しない。

大正十年二月十二日、大本は、京都府警察部長・藤沼庄平率いる武装警官二百余名が綾部本部を急襲した。第一次大本弾圧事件である。

皮肉なことに、「立替え」られたのは、世界ではなく、他ならぬ大本自身であった。

王仁三郎は大本の第一次弾圧を予見していた

ところが王仁三郎本人は、この大本に降りかかる弾圧を、予見していたふしがある。というのも、大正八年初頭に『神霊界』誌上で発表された『神諭（王仁三郎が、開祖昇天直後よりナオの神業を引き継ぐ形で〝艮の金神〟こと国常立尊から直受した天啓。「伊都能売神諭《づのめしんゆ》」とも言う）』には、次のような言葉がいくつも出されているからだ。

「艮の金神大国常立尊が時節参りて天晴《あっぱ》れ世界へ現われて、三千世界の立替立直《たてかえたてなお》しを致すに就《つい》て、先《ま》づ地の高天原《たかあまはら》（綾部を指す。つまり大本のこと）から立替立直しを始めるから、大本の役員は腹帯を確《しっか》り〆《しめ》て居らぬと吃驚仰天《びっくりぎょうてん》、あいた口が閉がらぬ様な事が出来《しゅったい》いた

すぞよ」（大正八年一月十一日神諭）

「神界にては大正七年十月から以後を神聖元年と申し、大正八年の節分から神聖二年と成るのであるから、節分が済みたら此の大本の中から大変りを致すなれど、人民の眼には判らぬことが多いから、余程《よほど》身魂を研かんと、却《かえ》って神徳を外《は》づす事が出来いたすぞよ」（大正八年一月十九日神諭）

「世界の大峠が来る迄に、この大本の中に大峠があるぞよ」（大正八年一月二十五日神諭）

「節分から世界の様子が大変に替るに就て、先づ斯の大本の内部から立替改造《たてかえたてなおし》を致すと申して知らした事の実地が参りたぞよ」（大正八年三月十日神諭）

また、ナオの昇天から間もない大正七年の暮れには、こんな神示も出されている。

「三年先になりたら余程気を附《つ》けて下さらぬと、ドエライ悪魔が魅《み》を入れるぞよ。辛《かのと》の酉《とり》の年は、変性女子（王仁三郎のこと）に取りては、後にも先にも無いような変わり事が出来て来るから、前に気をつけて置くぞよ」（大正七年十二月二十二日）

この「三年先」の「辛酉《しんゆう》」の年とは、大正十年のことである。

つまり、こうした神諭をキチンと読み込めば、「世界」よりまず先に「大本」の立替えが、大正十年の辛酉の年に起こるであろうことがわかったはずなのである。しかし、大正十年立替え到来説を頭から信じ込み、気炎を上げていた信者は、このことに気づかなかった。あるいは、たとえ気づいても自分でそれを打ち消していたのであろう。

とは言え、一部の信者たちはこうした神諭を知っていたために、王仁三郎や浅野が検挙され、大本が手入れを受けることになっても、比較的冷静に事態を受け止めたようだ。

興味深いのは、王仁三郎の検挙後の対応である。

浅野の場合は、検挙されてからも頑強に容疑を否認し、罪状を一切認めなかった。ところが王仁三郎の方は、簡単に容疑を認めただけでなく、認めれば明らかに自分にとって不利になるような罪状までも全部認めてしまうのである。

その理由がふるっている。神様が、弁解しても聞き入れられるものでもなく、裁判が長引くだけだから、早く役人の言う通りになれとおっしゃるから、全部認めたのだというのである。

第一次大本事件の弁護を担当していた花井卓蔵《はないたくぞう》は、頭山満《とうやまみつる》と並ぶ右翼の巨頭・内田良《うちだりょう》平《へい》に、「不敬な王仁三郎をなぜ弁護するのか。いったい彼はどんな男なのだ」と聞かれて、こう答えている。

「宗教家の中で神を信じること一番の男である。自分に不利なことをズケズケと言う。なぜ不利なことを言うかと尋ねると、神さまが言えと言われる通りにするのだという男だ」

これ以来、内田は王仁三郎に強い興味を持つようになったという。この後内田は釈放後の王仁三郎と面会、一発でその人間性に惚《ほ》れ込み、深い交友関係を持つようになる。なお、頭山満も王仁三郎の人間的度量に魅せられた人物で、様々な面で協力するようになる。

驚異の神典・『霊界物語』の口述

大正十年六月十七日、王仁三郎は仮釈放となり、綾部に帰ってくる。

大本は官憲から徹底的な弾圧を受けた。完成したばかりの本宮山《ほんぐうやま》神殿は、破却処分が命じられ、同年十月、ダイナマイトにより神饌所《しんせんじょ》と礎石を残して瓦礫《がれき》にされた。

王仁三郎は、神殿が破壊される音を聞きながらも、いっこうに気にすることもなく、新たな神典の作成に着手した。これは、同十月八日に、「明治三十一年旧二月（つまり高熊山修行の折）に神より開示しておいた霊界の消息を発表せよ」との神託があったからだという。しかし、不敬と過激思想により『大本神諭』が発禁処分を受けたことから、これに代わる大本の根本教典となる神典を作る必要性に迫られたことも十分に考えられる。

こうして編纂《へんさん》が開始されたのが『霊界物語』である。

その内容の大部分は、あまり当局を刺激しないように配慮したものか、比喩や婉曲的な表現が多く用いられ、叙事詩的、散文的、あるいは物語調に記されている。

扱われているテーマは様々だ。宇宙創造から地球の修理《しゅり》固成《こせい》の真相、大本発生の由来、神々の因縁、神道的真理の解説、「みろくの世」完成に至る世界経綸、政治経済、思想哲学、芸術論に恋愛論。

さらにその読み解き方は、三十六通りあると言われ、百二十通りあるという説さえある。聖書の記述やスウェーデンボルグの教説も織り込まれるなど、王仁三郎の、一つの宗教に囚われない見識の幅広さをうかがわせる。もっともこれについては補足が必要であるが、とにかくその神秘不可思議な内容は実に奥が深い。

まず驚かされるのは、その分量である。

当初の計画は、全部で千七百二十八巻を予定し、まず最初の百二十巻をもってその大要を述べるという、途方もないスケールのものであった。実際には、大正十五年七月一日までの間に七十三巻を終えたところで中断し、その後昭和八年十月四日に特別編「天祥地《てんしょうち》瑞《ずい》」の口述を始め、昭和九年八月十五日に第八十一巻目に達したところで中止の止むなきに至る。

さらに、その著述のスピードが尋常ではない。もっとも自ら筆を取ったわけではなく、側に数人の筆録者を置き、その語るところを書記させたものであった。筆録者の中には、後に「生長の家」を創立する谷口雅春もいた。

口述は、王仁三郎が口述台の上に端座、もしくは横臥《おうが》の姿勢で行われた。『霊界物語』は、各巻とも三百頁を超える大著である。その第一巻から第四巻まではおよそ七十日で、第五巻から第四十六巻までの四十二冊については大正十一年のわずか一年間で出されている。一巻平均に要した日数は三日であり、第四十六巻などはたったの二日で出来上がっている。

それが如何に信じられない速度であるかは、著述の経験のある方なら誰でも納得がいくであろう（通常なら、一ヵ月で単行本一冊が書けるだけでも相当なペースである）。

しかも筆録は速記法を用いず、原稿用紙のマス目に一字一字を書き込んでいき、ある程度進んだところで王仁三郎が読み返し、誤りを正していくというやり方だったというから、もし速記法を使っていたり、あるいは今日のようにパソコンという利器を用いていたとしたら、おそらく一日に一巻が出来上がっていたに違いない。

王仁三郎は口述にあたり一冊の参考書も資料も使わず、ただ言葉が浮かんでくるままによどみなく語り、筆録者は語られるその言葉を原稿用紙に記入していった。おそらく、一種のトランス状態に身をおくことによって神意のままに伝達したのであろう。

筆録者の一人であった内崎照代という人は、三十年ほど経った後、当時の模様を振り返り、次のように思い出を語っている。

「聖師さま（王仁三郎）が目を閉じたまま文をよどみなく言われ、私たちがそれを筆録します。『フン』と聖師さまがおっしゃると、今のところを読み返せという意味なので音読します。それで校正するわけです。ところが口述の最中にわからない部分をお聞きするとお叱りを受けたものです」

何故叱るのか、その理由について王仁三郎はこう説明したという。

「文章がカイコの糸のようにスルスルスルスルと出てくるので、途中で止められると糸が切れるようになるのんじゃ」

入蒙壮挙――満蒙に理想王国を打ち立てる

大正十三年、王仁三郎は、責付出獄（仮出所）の身でありながらひそかに日本を脱出、大陸へ渡った。

日地月《にっちげつ》　合わせて作る　串団子《くしだんご》
星の胡麻《ごま》かけ　喰らう王仁口《わにぐち》

の句を遺し、わずか三名の大本信者を引き連れて満州・蒙古に向かったのである。この三名の中には、後に「合気道」を開く植芝盛平《うえしばもりへい》もいた。合気道の中に言霊《ことだま》学など大本の教義が含まれているのはこのためである。

王仁三郎が何故大陸に渡ったのかについては、様々な説がある。「雛型経綸」という霊的観点からの意義については後で述べるが、いずれにせよ王仁三郎は、狭苦しい日本を飛び出し、満州、蒙古、中央アジア、中近東を合わせた広大な地域に、「五六七《みろく》神政王国」を打ち立てることを〝目的〟としていた。

大陸に渡った王仁三郎は、朝鮮を経由して奉天《ほうてん》に入った。奉天では、武器商を営む元海軍軍人の矢野祐太郎が万全の手筈《てはず》を整えて一行を出迎えた。矢野はまだこの時大本の信奉者で、王仁三郎の影の参謀とうたわれた男だが、後に王仁三郎と対立して袂《たもと》を分かち、独自に神業活動を始めるようになる（矢野については次章において改めて触れる）。

この矢野の仲介により王仁三郎は、馬賊の頭目・盧占魁《ろせんかい》将軍と会見する。盧占魁は、当時満州を支配していた軍閥・張作霖《ちょうさくりん》の下で動いていた人物であったが、たった一度の王仁三郎との会見で、臣従を誓ったという。

ともかく、盧占魁を従えることに成功し、張作霖の承認も得た王仁三郎一行は、「日月地星」の旗を掲げて神軍を組織、堂々の行軍を開始する。そして各地で病人を治したり、雨を降らせるなどの奇跡を行い、瞬く間に民衆の心をつかんでいく。

王仁三郎は「東方の聖者」と讃えられただけでなく、「ダライ・ラマ」や「ジンギスカン」の再来を自ら名乗った。王仁三郎を救世主として信じる人の数は膨れ上がる一方となり、神軍にとっては良いことであったろうが、これが張作霖の逆鱗《げきりん》に触れてしまう。

一行は満州南西部のパインタラで張作霖《ちょうさくりん》軍に包囲され、あえなく捕縛されてしまった。盧占魁は銃殺、王仁三郎以下四名も銃殺刑と決まったが、刑の執行寸前のところで日本総領事館からの介入があり、危ういところで難を逃れ、本国に強制送還されている。

当時の日本人にとって、満蒙は憧れの地であった。その満蒙に大本の理想王国をぶち立てるという王仁三郎の気宇壮大《きうそうだい》な試みは、成功しなかったとはいえ、大衆に強くアピールするのに十分だった。警察に護送された一行は、下関に上陸してから広島、岡山、神戸を経由して大阪に入ったが、各地で人々は王仁三郎を凱旋《がいせん》将軍のように出迎え、大変な熱狂ぶりであったという。

王仁三郎の世間の評価はこの「入蒙壮挙」によりすっかり逆転した。鳩山一郎や向井忠晴といった政治家たちも、「出口は偉大なり」と拍手を送っている。

世界的躍進と「人類愛善会」「昭和神聖会」の設立

世間の風評にも助けられ、大正十三年十一月に保釈された王仁三郎は、綾部の本部に戻るなり即座に行動を開始する。

大陸を闊歩《かっぽ》したことで、世界的なスケールで物事を見られるようになったためか、王仁三郎の帰綾後、大本の方向性はにわかに国際色が帯びてくる。

もっとも、中国の新宗教・道院の外郭団体である世界紅卍字会《こうまんじ》や、イスラム系新宗教のバハイ教とは、すでに友好関係を結んでいた。また、バハイ教との接触により国際共通語・エスペラント語が導入されることとなり、王仁三郎以下大本信徒たちはエスペラントを積極的に学ぶようになっていた。

万教同根を唱える王仁三郎は、この大正十三年よりさらに活発に海外の宗教団体との交流をはかり、大本の宣布活動に乗り出した。朝鮮の普天教、ドイツの白旗団、蒙古のラマ教、ブルガリアの白色連盟、その他、イスラム教、仏教、キリスト教の各一派など、大本と教義や主張の似た団体との友好関係が盛んに結ばれていく。

そうした流れの中、翌十四年六月には「人類愛善会」を発足させ、同年十月には『人類愛善新聞』を創刊するに至る。人類愛善会の目的は、あらゆる宗教、人種、国家などの障壁を乗り越え、大本を中心に広く世界を愛と善で包み込み、人類を啓発するというもので、この人類愛善会の設立を機に、大本は爆発的な勢いで海外に進出し始める。

王仁三郎と大本の勢力が、日本という狭い枠を越え、世界の五大陸を凌駕《りょうが》するまでに発展していく一方で、当局は次第に大本への警戒感を募らせていく。

昭和六年十一月、それまで全国の各地区ごとに存在していた大本の青年部組織「昭和青年会」が、全国統一組織として再編成された。

昭和青年会は、もともとは王仁三郎直属の親衛隊的な性格を持つものだったが、制服をカーキ色に統一し、擬似軍隊を思わせる団体訓練を行うなど、傍目《はため》には極めて軍事色の濃いものであった。この昭和青年会の「閲兵式《えっぺいしき》」において、王仁三郎は軍服を着て白馬に跨《また》がり、左手に手綱、右手を鞭を持ち、後ろには制服姿の青年たちを従えて、整列する青年たちを閲している。これは明らかに、天皇の「閲兵式」を模倣したデモンストレーションであった。しかもこの時、王仁三郎は自らを「尋仁《ひろひと》」と号していた。もちろん、昭和天皇の「裕仁」になぞらえたものである。

昭和九年三月、人類愛善新聞の発行部数がついに百万部を突破。王仁三郎はかねてより「人類愛善新聞が百万部出たら、神軍を率いて決起する」と予告していたが、この頃より彼の行動は一宗教家の範疇《はんちゅう》を逸脱《いつだつ》し、政財界や軍閥、右翼を巻き込んで政治的に尖鋭《せんえい》化していく。

同年七月、大本の愛国団体である「昭和神聖会」が発足、東京の軍人会館（後の九段会館）で行われた創立発会式には三千人を超える有志が集まり、会場に入りきれない人が外に溢《あふ》れるほどの盛況ぶりであったという。

翌十年七月の創立一周年の時点で、昭和神聖会は、地方本部二十五、支部四百十四、会

大本・綾部本部（上）と弾圧の様子（下）

員・賛同者合わせて八百万人という、空前の大勢力に発展した。

ここまで膨張し、拡大した王仁三郎の勢力に対し、危機感を抱いた当局は再び徹底的な弾圧を加えることを決意する。

昭和十年十二月八日未明、千人余りの武装警察官が綾部と亀岡の大本本部を急襲した。日本の近代宗教史上最大・最悪と言われる「第二次大本弾圧事件」が起こったのである。

すべては瓦礫と灰に――第二次大本弾圧事件

第二次弾圧により科せられた大本に対する破壊行為は、第一次の時よりもはるかに大規模であり、徹底を極めていた。

警官隊の突入直後、岡田内閣の命を受けていた内務省警保局長・唐沢俊樹《からさわとしき》は、「今度こそは大本を地上から抹殺する方針である」との声明を発表している。その言葉通り、大本に浴びせられた弾圧は、かつて例を見ないほど苛酷で、残虐非道なものとなった。

官憲の行った具体的な行為の数々がどれほど無茶苦茶で、常軌を逸したものであったかは前作でも触れたので敢えて繰り返さない。

ともかくこの弾圧により、王仁三郎以下幹部二百十名が検挙され、うち六十一名が起訴された。一年間における検挙者総数は三千名以上にものぼったという。

そして当局は第一次弾圧の時と同様、またしても裁判を待たずに、大本の全施設をダイナマイトなどを使って完全に破壊し、焼却した。綾部の神苑では、燃え残りのくすぶる煙が一ヵ月も続いたという。大本は文字通り、形あるものはすべて瓦礫と灰に変えられてしまったのである。

留置された大本人たちは連日にわたり激しい拷問を受け、自白を強要された。結果、自殺、獄死、発狂、発病する者が続出したが、ほとんど全員が信仰を捨てずに、非転向を貫徹した。

このような凄惨な目に遭っているにもかかわらず、王仁三郎は留置場内でも至って呑気《のんき》なものだったという（もちろん王仁三郎本人も、気絶するほどの拷問を繰り返し受けているのだが）。法廷内でも相変わらずユーモラスなところを見せ、裁判長を珍問答でケムにまいたりしている。

第一審で無期懲役の判決が宣告された時、王仁三郎は後ろを向いて赤いベロを出した。目撃した関係者一同、これにはすっかりド肝を抜かれてしまったという。

無期の判決が言い渡されている最中に「赤ンベー」と長い舌など出せるものではない。気が触れているか、よほどの胆力の持ち主ということになるだろう。

この他、裁判長との答弁も、漫談もどきのものであったり、ワイ談まじりのものであったりする。公判中のエピソードは実に沢山のものが残されているが、有名なのは、大阪控訴院で審理中に飛び出した「虎穴問答《こけつもんどう》」だろう。

ある日の法廷で、王仁三郎は裁判長に向かい、「人虎孔裡《じんここうり》に堕《お》つ」という禅問答を投げかけた。一人の人間が虎の棲む穴に落ち込んだ。そんな場合どうしたらよいか、というのである。王仁三郎は、「裁判長、あなたはどうお考えになりますか」と言う。裁判長は、自分は法律家だからわからないが、どういうことなのかと問い返す。すると王仁三郎は次のように説きはじめた。

人間より虎の方が強いに決まっている。逃げようとすれば襲われるし、歯向かっても同じことだ。かと言ってジッとしても虎の腹が減れば殺しにくる。いずれにせよ助からない。しかし一つだけ生きる道がある。それは、食われるのではなく、こちらから食わしてやることだ。食われたら後には何も残らんが、自分の方から食わしてやれば、後に愛と誇りが残るのだ――。

これには裁判長もウーンと嘆声をもらし、敵味方の別なく法廷内の一同が感じ入ったと伝えられる。

王仁三郎はこの譬《たと》え話で、大本事件に対する自分の気持ちを語ったのである。さらにこの問答には、もう一つの深い意味が含まれていた。大本は、自分の方から「食わせてやった」すなわち「潰させてやった」ことで、最後には逆に「食った」すなわち「潰した」方を倒すことになる。九分九厘行ったところで一厘の大ひっくり返しがある。その役が大本であり、自分のやったことである、と言っているのである。

昭和二十三年一月、巨星逝く

昭和十七年八月の上告審で王仁三郎らの保釈が決定し、六年八ヵ月に及ぶ獄中生活にピリオドを打ち、一族の待つ亀岡の中矢田農園に帰ってきた。

しかし、それからも王仁三郎の予言は衰えない。大本は「雛型」を演じたのであるから、この「型」がやがて帝国日本に移ってくるというのだ。

「わしが出た日から日本は負けはじめや」

王仁三郎は臆面もなく言い放つ。

「大本は日本の雛型、日本は世界の型じゃ。それで日本がやられて武装解除されるのや。それはやがて世界の武装解除の型になるのや」

「大本は型やから被告はみな無罪になるけど、日本の戦争責任者は助からん。助かったやつもたいがい追放されてしまうのんじゃ」

などと、家族や訪問者に語ったという。さらには、

「東京は空襲を受けるから疎開するように」「大阪も焼野が原になる」と、B29戦略爆撃機による本土攻撃を予告したり、反対に「京都は安全」「金沢は空襲をうけない」と断言した。

広島の信徒には、「広島は最後に一番ひどい目にあう。それで戦争は終わりや。帰ったらすぐ奥地へ疎開せよ」と言い、また別の人には、「広島は火の海となる。そのあと水で洗われ、きれいにしてもらえるんや」と告げた。事実、八月には広島、長崎に原爆が投下され、ついに終戦を迎えることとなる。そして翌九月、広島は台風による大水害に見舞われたのであった。

王仁三郎は晩年、芸術家としての最後の力量をふりしぼるように発揮し、楽焼の作製に

多大な情熱を傾けた。この時に作られた楽焼の数は三千を超えるもので、しかもその一つ一つが美術工芸界や茶道界から絶賛されるほど優れた作品であった。

戦後の昭和二十一年二月、王仁三郎は大本を「愛善苑《あいぜんえん》」の名で再建。同年八月、神苑造営の陣頭指揮を取っていた時に脳出血を起こし、床に伏すようになる。そして昭和二十三年一月十九日、亀岡天恩郷「瑞祥館」の一室で、安らかに息を引き取った。

七十六歳と八ヶ月。まさに激動の時代を生きただけでなく、時代を切り開くために自ら先陣を切った人であった。

王仁三郎は生前、よくこんなことを言っていたという。

「わしは、普通の者の十年を一年で生きとんのじゃ」

その言葉通りに、超人的な行動力とバイタリティに溢《あふ》れた波瀾に富んだ生涯は、今でも多くの人を魅了し、様々な示唆《しさ》と勇気を与え続けているのだ。

大本の「型」が日本にうつる

「大本は型を出すところ」だと王仁三郎は言う。これは、大本神諭にも示されていることである。

その通り、大本に起こったことは、その後の日本にうつる形で現れている。第二次弾圧事件は昭和十年十二月八日に起こったが、太平洋戦争の勃発も、昭和十六年十二月八日であった。

王仁三郎は、「亀岡は東京で、綾部は伊勢神宮や。神殿を破壊しよったんやから、宮《きゅう》城《じょう》も空襲をされるのや」と言っていたが、両聖地の破壊は、日本全土の主要都市の破壊という形で現実のものとなった。

また、王仁三郎の未決拘留期間が六年八ヵ月、米軍による日本占領が六年八ヵ月。大本事件の解決が昭和二十年九月八日なら、サンフランシスコ条約の調印による太平洋戦争の解決は昭和二十六年九月八日であった。

このように、たしかに大本に起こった出来事は、その後の日本の歩んだ道のりに鮮やかに映し出されているかのようである。

そうして見ると、大本は二度にわたり国家権力から弾圧を受けている。大正十年と昭和十年の二回である。

大本に起こった「立替え」の型が、日本に移写してくるとすれば、日本の「立替え」も二度なければならない。

この「立替え」の型は、今述べた日付上の符合からも推察されるが、実際には多少入り組みながら日本に移写しているようだ。しかし、日本の国家レベルでの「立替え」は、まだ一度しか起きていない。つまり、敗戦による大日本帝国の崩壊が、大正十年に起きた第一次大本事件の「型」の移写なのである。

とすれば、第二次大本事件の「型」は、これから起きるということになるではないか。それを裏付けるかのように、広島と長崎に原爆が投下された直後、王仁三郎は側近の者に対して、

「火の雨が降るというのは、この程度のことではない。今は序の口で、本舞台はこれからじゃ」

と語ったという。

第二次の弾圧は、第一次とは比較にならないほど徹底を極めたものとなった。この国家ぐるみの暴挙により、大本の聖地はまさしく廃墟と化したのである。これがそのまま日本の「第二次立替え」として移ってくるとなると、まさに目も当てられぬ地獄絵図が展開するであろう。大本が「型」を出す使命を終えた直後より、元大本信者であった岡本天明に

伝達された日月神示には、そのあたりの描写が具体的に示されているのだ。

五十年が必要であった「地の準備神業」

大本は、「世界の大立替え」の雛型を地上界に打ち出す使命のために興された霊的集団である。そして結局は、出口王仁三郎を大番頭として、信徒だけではなく、警察や政治家、マスコミさえをも巻き込んで、世界大改造の「型」を演じさせられたのであった。

この「型」を地上に打ち出すに際し、神定の期間というものがあったことを、王仁三郎自身が明らかにしている。

その期間とは、地上の年数で五十年間である。

これについて、明治三十三年旧四月七日の大本神諭には、こう記されていた。

「艮の金神は、此の世を始めた神なれど、余り我《が》が強うて、丑寅《うしとら》へ三千年と五十年押し込められており、蔭から構うておりたが、蔭からの守護は夫《そ》れ丈《だ》けの事、神の威徳はチットモ人民には判らんから、表に現れて神の威勢の光を出して、世界を救けるぞよ、大謨《たいもう》な事であるぞよ」

大本の教義によれば、この地球神界の主宰神は、『日本書紀』劈頭《へきとう》にも出てくる始源神・国常立尊であった。天地剖判《ほうはん》の太古の時代、国常立尊は悪を一切許さぬという厳格な施政を行い、ために世は平穏に治まっていたが、やがて不満分子が世に満ちるようになると、悪神・悪霊たちの合議により尊は隠退を余儀なくされ、地球の丑寅《うしとら》（東北）にあたる日本列島に押し込められた。そして祟《たた》り神〝艮《うしとら》の金神〟と呼ばれて恐れられるとともに、三千年の永きにわたり幽閉されていた。

しかし天運巡り来て、再び国常立尊を始めとする正神が表に現れて、世にはびこる悪を掃討し、万有和楽の「みろくの世」に立替え・立直すことになった。

これは、大本で説かれている創世の主旨であり、明治二十五年旧正月の開祖・出口ナオの神憑《かみがか》りに端を発する大本出現の意義である。

だが、右の神諭にある〝三千年と五十年〟という意味については、長い間謎とされ、誰も解く者がいなかった。

ところが王仁三郎は、晩年になって、次のような詠歌を発表する。

御経綸三千年に満ちぬるは　明治二十四年なりけり

昭和暦十八年の元旦は　五十年準備神業の満てる日にぞある
五十年の地の準備神業を終え　十八年は第一年となれり
三千年と五十年にて切替の　準備は全く出来上がりけり
昭和十八年　未の年より三千年の　いよいよ仕組の幕は上れる

つまり、三千年の永きにわたり押し込められてきた〝艮の金神〟は、明治二十四年をもって三千年に及ぶ「蔭からの守護」を終え、「表の守護」に切り替わった。

しかし、まだ本格的な立替え・立直しを行うには、五十年間という〝地の準備神業〟が必要であった。その準備神業――すなわち、地上において実地に世界の大立替えの雛型を出すということ――を行う期間が、昭和十八年の元旦をもってすべて完了したというのである。

大正十七年八月七日、王仁三郎は保釈決定を受けて出所し、亀岡に戻ってきた。こうして明治二十五年（一八九二）旧正月から数えて満五十年にあたる昭和十八年元旦までの間に、大本は世界の大立替えの雛型を、すべてやり終えた。これを受けて王仁三郎は、準備はすべて出来上がったと宣言したのである。

そして昭和十八年の未《ひつじ》の年より、艮の金神はいよいよ本格的に表に現れて、神政の座に返り咲き、地上界の立替え・立直しという大神業を行うことになった。

「雛型経綸」による立替えの仕組みとは

「雛型経綸」とは、このようにしてまず雛型を生み出し、それを漸次移写拡大させて最終的に神界・幽界・現（顕）界の三千世界をすべて立替え・立直す、驚天動地の神仕組みだと言われる。

知っておくべきなのは、この「雛型経綸」には三段の型があるということだ。霊的に言えば、神界で最初に意志の発動があり、それから幽界、現界へと経《たて》三段に移る。現界に移ったものは、今度は大本↓日本↓世界と緯《よこ》三段に移写することになる。この経緯綾《たてよこあや》に織りなす仕組みにより、悪は影も残らぬまでに無くなり、「みろくの世」が顕現する。

神秘不可思議なるこの霊的大改造では、雛型は二度打ち出される。それは、わかりやすく図に示すとこういうことになる。

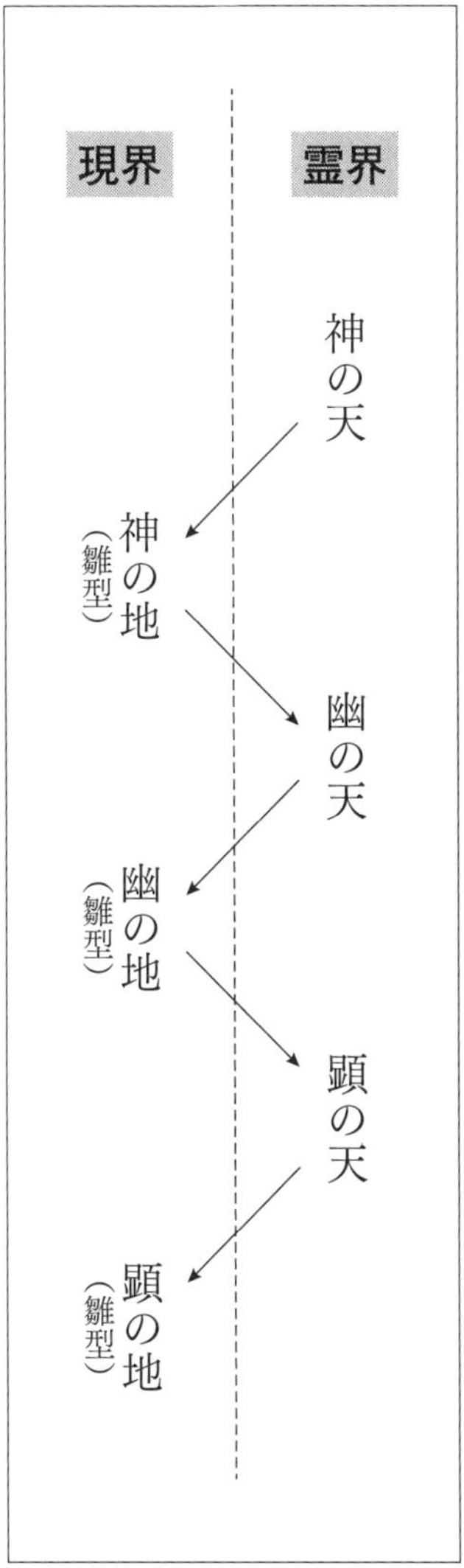

世の立替えは、まず神界において発動され、それが幽界・現界に移写してくる。
霊界における「神《しん》の天」で発せられた変革のエネルギーは、まず現界に移って「雛型神劇」による立替え立直しの第一段となって現れる。さらにそこで実演された雛型のエネルギーは霊界における「幽《ゆう》の天」に返り、それがまた地上に移写されて雛型となり、立替え立直しの第二段となって現れる。
雛型はこの図によれば「神の地」と「幽の地」の二度にわたって打ち出されることになる。大本の筆先には「同じこと二度ある経綸」と記され、日月神示にも同じことが示されているのはそのためだ。

大本で演出された〝地の準備神業五十年〟という期間では、立替えの雛型は二度行われた。大正十年と昭和十年の二回である。つまりこれは「神の地」と「幽の地」が現象化したものと言える。

この雛型が日本に移写するとなると、日本の立替えも二度起きることになる。日本の立替えが成ると、続いて世界全体の大立替えとなり、これも二度起きる。この世界の二度目の大立替えというのが、いわばとどめの立替えであり、「世の大峠」である。

日本の立替え第一波は、太平洋戦争末期に現実のものとなった。

そうすると、第二波が間もなくやってくることになる。

雛型が一度打ち出されてしまえば、右の仕組みの波動はもはや誰にも止めることは出来ない。問題は、それがいつ、どのような形で現界にうつし出されてくるのか、ということだ。

王仁三郎は、世界大改造の型を行った

ナオの筆先である大本神諭には、

「大本に演出事件《あつたこと》は必ず日本と世界に実現する。大本は世界の模型であるから、箸《はし》のころんだ事までつけとめておいて下されよ」

という一節がある。大本に起きたことはそのまま日本、世界へとうつっていくから、たとえ箸が転げ落ちたというような些細《ささい》なことであっても、記録に留めておけということである。

実は、この「型」にも二種類あると言われている。一つには、神霊界に起こったことが、その写しとして、地上界にある大本の中に現象化するということ。もう一つは、これから地上界に起こる立替え・立直しを、大本において「型」として演出することである。前者が受動的な意味においての「型」であり、後者は能動的な意味においての「型」である。

大本神諭には「模型《かた》」「模写《かた》」「雛型《かた》」などという当て字が見られるが、これは右のような意味に応じて使われているようだ。例えば、次のような具合である。

「世界にある事変は、明治三十二年から大本の中に模写《かた》がして見せてあるぞよ」

「大本の雛型《かた》は、神界の仕組みであるから世界中へ映るぞよ」

「この綾部の大本は、世界に出来てくる事を前に実地の型を見せてあるから、十分に気をつけておくがよいぞよ」

「このような大もうな御用、真実の御用になりたら人民の中では出来んから、模型《かた》を命じて御用さすぞよ」

ともかく、こうして大本から打ち出された雛型は、やがて日本へ、最後に世界へと三段階にわたって写っていく。

三段の型がある、という事実は、大本で行われた神事にも現れている。

明治三十三年には、押し込められていた〝艮の金神〟を世に出す神事として、冠島《かんむりじま》(男嶋《おしま》)・沓島《くつじま》(女嶋《めしま》)開きが執り行われた。また大正五年には、上島《かみしま》(神島)開きの神事が行われた。これには〝坤《ひつじさる》の金神〟を世に出す意味があった。

ところが昭和六年には、〝艮の金神〟と〝坤の金神〟を世に出すという同様の主旨で、北海道と喜界《きかい》ヶ島(宮原山)開きの神事が行われている。

これについて、王仁三郎は『玉鑑《たまかがみ》』の中で次のように述べている。

「男嶋、女嶋に艮の金神様が落ちておられたので、坤なる神嶋には坤の金神が落ちておられたということになるが、北海道の別院のある芦別山《あしべつ》にはまた艮の金神が落ちておられたといい、その坤なる喜界ヶ島の方には坤の金神が落ちておられたといい、何だかわけがわからないというが、これは皆真実で、また『型』である。
綾部（大本）から言えば、男嶋、女嶋と神島。日本から言えば、北海道と喜界ヶ島。世界から言えば、日本が艮で西のエルサレムが坤である。『三段の型』のあることを取り違いしてはならぬ」

要するに、「男嶋・女嶋開き」というのは、大本の立替え・立直しの雛型を出すために必要な神事であり、「北海道・喜界ヶ島開き」というのは、日本の立替え・立直しの雛型を出すために必要な神事であった。

大本、日本と来れば、今度は世界の立替え・立直しのための神事である。王仁三郎はこれを実行するため、大正十三年、神に命じられるままに「入蒙壮挙」を敢行したのであった。

「五六七《みろく》神政王国」の樹立の計画は、アジアの東北（丑寅《うしとら》＝艮）にあたる満州・蒙古から入り、中央アジアを経て、アジアの西南（未申《ひつじさる》＝坤）にあたるエルサレムに至るというものであった。エルサレムまでは到達しなかったが、王仁三郎一行はこの「入蒙」で、世界大改造の雛型を、この地上に刻印してみせたのである。

このようにして演出された「三段の型」は、まず地上界においては大本に起こり、続いて日本へ、そして世界へと移写拡大する。これが「雛型経綸」の実際である。

王仁三郎は、大本で打ち出すべき世界大改造の「型」を演出するため、いわば大芝居を打ったのであった。そして、見事その使命を成し遂げると天に帰った。

第一次弾圧では、大本は完全には破壊されなかった。その立ち直りは素早く、あっと言う間に世界の五大陸を凌駕するほどの勢力に発展した。

これはまさしく、戦後の日本の歩んだ姿に似てはいまいか。日本もまた、戦後の荒廃から素早く立ち直り、高度経済成長期を迎え、日本製品が世界中に行き渡るほどの経済大国になった。

今日、日本企業のビジネスマンや観光客は世界各地を闊歩しているが、あたかも大本の黄金時代に、宣伝使の派遣と信徒の交流が盛んに行われたことを彷彿《ほうふつ》とさせる。

大本の型は、確実に現代の日本に写っている。

とすれば、われわれは日本の立替え第二波到来の前夜にいることになる。

王仁三郎は、息を引き取る数日前、こうつぶやいたという。

「わしの役はこれで終わりじゃ」――と。

第二章

「日の出の神」の謎と矢野祐太郎の神界論

善のかがみと悪のかがみ

〝地の準備神業〟五十年というものを見てみると、大本の歩んだ道はけっして平坦なものではなかった。平坦どころか、様々な出来事が相次ぎ、善も悪も入り乱れ、まさに怒濤《どとう》渦を巻くの感さえあった。

王仁三郎もまた、大本人《おおもとじん》の気を始めから一身に集めていたわけではなく、信徒の一部からは命さえ狙われたりもした。一時、開祖派の信者たちによる王仁三郎排斥運動が激しかった頃、彼は綾部を追われている。

とくに、開祖・出口ナオ存命中や第一次事件に至るまでの頃というのは、「筆先」を絶対視する開祖派の力が強く、また浅野和三郎ら有力幹部が幅をきかせるなど、王仁三郎も大本内部では肩身が狭かった。

ナオの長女であった米《よね》は、夫の大槻鹿造《おおつきしかぞう》と共に大本を攪乱《かくらん》させる。また、ナオの三女であり、福島寅之助《とらのすけ》に嫁いだ久《ひさ》は、自ら〝神憑かり〟となって反王仁三郎勢力の急先鋒となった。

大本は、明らかに普通の宗教団体とは異なっていた。それは、筆先にあるように、「型」を出すところであったからである。

「型」には善の型も悪の型もある。善も悪もひっくるめて、この世の大立替えの型を出す使命があるわけだから、当の本人たちは本気で動いているようでも、実は「動かされて」いるのである。

そのことは、筆先にも次のように示されている。

「大本にありた事件《こと》は、大きなことも小さなことも、善いことも悪しきことも、皆世界に現れてくる」

「大本は……いつになりても善い〝かがみ〟と悪い〝かがみ〟とが出来る大望な所である」

「万古末代、善と悪との鏡を出して善悪の見せしめを致す世界の大本となる尊いところである」

「大本は善悪二つの世界の型を出すところ、他人には傷はつけられぬから、ナヲの血筋《ひっぽう》に悪の御役をさせるぞよ」

まさに、ナオの息女の中から悪役を演ずる者たちが現れ、これを信じる者たちが因縁により集結して、打倒・王仁三郎を声高に叫ぶようになるのである。

救世主神的性格の「日の出の神」について

ところで、大本では初期の頃より「日の出の神」という神の位置づけが大きな謎とされていた。というのは、開祖の筆先には早くから、「出口と日の出の神を土台と致して天の岩戸を開いて、世界を神国の世に改めるのざぞよ」だとか、「出口直、出口王仁三郎、出口澄、日の出の神が三千世界の手柄をいたすぞよ。この日の出の神が現われ出たら、一度に開く梅の花、艮の金神が現われて、世界をよくしてやるのざぞよ」などと示されていたからである。

大本の教義では、世界を立替え・立直して末代動かぬ「みろくの世」を造り上げるには、〝四魂の神〟が打ち揃わねば成就しないとされていた。その四魂の神とは、「国常立尊《クニトコタチノミコト》」「豊雲野尊《トヨクモヌノミコト》」「金勝要神《キンカツカネノカミ》」そして「日之出神」の四柱の神である。

〝艮の金神〟こと国常立尊は明治二十五年より開祖ナオに、〝坤の金神〟こと豊雲野尊は王仁三郎に、また金勝要神は、ナオの末子で大本二代となった澄にそれぞれ神憑かりしたとされ、これについて異論をはさむものは、一部の勢力をのぞいて誰もいなかった。ところが、残りの一柱である「日之出神」については、どうなっているのかわからず、大きな謎とされていたのである。

さらにこの「日の出の神」は、このたびの大神業で重要な役を担う、いわば救世主神的性格があったから、信者たちの関心は高かった。

筆先によれば、この「日の出の神」の身魂は、ナオの次男であった出口清吉《せいきち》と定められていた。ところが清吉は、明治二十八年に死亡したことになっている。清吉は、ナオの帰神が始まって間もない明治二十五年十二月に近衛師団に入隊し、台湾へ出征したが、そのまま帰ることはなかった。やがて国からは「戦死した」との通知があり、ナオのもとには弔慰金《ちょうい》と、清吉のものとされる遺骨が引き渡された。

しかし〝艮の金神〟は、筆先を通じて清吉の死を否定しただけではなく、「日の出の神」の身魂であると定めた。清吉は戦死などしておらず、どこかで生きており、「日の出の神」として〝艮の金神〟が御用に使っているというのである。

こうして、信者の間には、清吉がまだ外地で生存しており、やがて大きな手柄を立てて綾部に戻ってくるのではないか、そしてその時こそいよいよ三千世界の立替え・立直しが行われる時であり、「みろくの世」が実現する時である、という噂が流れるようになる。だが、そんな信者たちの期待に反して、清吉が戻ってくることはなかった。

そうした状況の中で、大正六年十二月十五日、三女の久に突如として「義理天上日之出神《ぎりてんじょうひのでのかみ》」を名乗る神が憑依し、大本の因縁や神霊界の話などを説いていく。そして久は、清吉は肉体としては死んだが霊魂は不滅である。その霊魂が、本国に帰還し、「義理天上日之出神」という神名で自分に憑かったのだ、と宣言した。のみならず、王仁三郎の正体を、開祖の神業を攪乱《かくらん》・妨害する悪神、天照彦《アマテルヒコ》の身魂なりと主張したのであった。このような経緯で綴られたのが『日乃出神諭《ひのでしんゆ》』である。

大本内部での衝撃は大きく、信者の中に動揺が広がったのも無理はなかった。

肝川騒動と王仁三郎とのかかわり

福島久に神憑かりが起き、「義理天上日之出神」という神名が出るようになったのは、久が当時神業の盛んであった大本の肝川《きもかわ》支部と深く関係していたことに起因する。

肝川支部には、久だけではなく、王仁三郎も、矢野祐太郎も、浅野正恭と和三郎の兄弟も頻繁《ひんぱん》に出入りし、一時はかなりの大本信者が肝川に集まっていたようだ。

この肝川支部と大本とのかかわりついて、少し説明せねばならない。

丹波にほど近い兵庫県の南東部、現在の宝塚市に隣接する川辺郡猪名川《いながわ》町、当時は中谷村と呼ばれていた山間部に、肝川という村落がある。ここに車小房《くるまこふさ》という、五人の子を持つ貧農の主婦が、細々と暮らしていた。

事の起こりは大正三年頃、久の神憑かりが始まる少し前のことである。

小房は、出口ナオ開祖の神憑かり初期がそうであったように、突然に強い発動を起こし、狂人のように大声をあげて〝神のお告げ〟を叫び出した。

「いよいよ時が参りてこの神が世に現れることとなった。世界の人民、神の子よ、神の申すことを素直に聞いて改心いたせよ」

この時以来、小房の肉体を通じて膨大な啓示が降ろされることになった。その内容とは、宇宙創造の真相、神代の歴史と神々の系譜、人類の歴史、肝川の地の霊的由来、人間のみたまの因縁、等々である。これらのことは、肝川側の編纂による『由来記』に記されている（なお、矢野祐太郎の著による『肝川由来記』とは別である）。

太古の昔、稚比売君大神《ワカヒメギミノオオカミ》をはじめとする正神の神々は、根本祖神の大御意どおりに秩序ある世に治めていたが、天照彦、金龍姫《キンリユウヒメ》の天の規則破りに端を発する騒乱に、やがて隠退を余儀なくされ、肝川の地に落ちていた。この零落《れいらく》神たちを世に出し、世を立替え・立直すため、一日も早く肝川を開くべし、というのが、肝川において小房に霊的発動が起こった由来である、という。

小房の神憑かりの重要性は、大阪からやって来た小沢友吉（宗雄）という大本信者により見抜かれ、彼を介して大正三年四月十八日、綾部に参詣することとなる。さらに同年十一月二十五日、再び綾部を訪れた時には、小房は一週間にわたる修行をしている。

出口王仁三郎が最初に肝川を訪れたのは、大正三年三月十五日のことであり、それからも王仁三郎は小房と親しく接するようになった。

小房は、王仁三郎に肝川竜神を見出してもらったことを大変に喜んだ。そして王仁三郎の力によって世に出してもらいたいと願った。

そしてナオの筆先にも、「（肝川は）大本の控《ひかえ》の場所」などと出るようになり、大本と肝川は次第に密接に結ばれていく。大本内部では次第に肝川の神憑かり神業のことが評判になり、かなり大勢の大本信者が肝川に集まるようになった。

こうして大正五年、王仁三郎らにより、肝川の地に隠退していた神々を世に出す「第一回肝川開き」が行われた。

福島久が海軍中佐・飯森正芳《いいもりまさよし》ら数名を連れて肝川を訪れたのは、大正六年十一月のことである。大本の宣伝部隊「直霊軍《ちよくれいぐん》」の旗揚げを肝川で行うため、多忙な王仁三郎の命を受け、代理としてやって来たのであった。ここから、久と小房とのつながりが始まる。

最初は肝川の重要性を認めて頻繁に出入りしていた王仁三郎は、結局、肝川の神業を理解出来ずに「落第」したという。その後、肝川の神々を奉斎《ほうさい》する役は、大本八木《やぎ》派（福島久らのグループ）の支部である大門正道会《だいもんまさみち》の手に移る。

『由来記』によれば、久はこの肝川の地で「草鶴姫《クサヅルヒメ》」の毒牙にかかる。草鶴姫とは、肝川竜神を世に出させまいと必死の努力を傾けていた悪神である。かくして久は、飯森と共謀して肝川の力を利用し、大本本部を乗っ取ることを企てるが、この陰謀も開祖の神眼により見破られ、挫折するに至ったのだという。

この〝肝川騒動〟により、王仁三郎は、綾部の本部で大勢の信者たちを前にすべての事情を話し、「肝川にはかくの如き悪霊が根を張っているから、今後自分の許可のないものはけっして肝川に行ってはならぬ」との通達を出す。

これが、肝川側にとっては王仁三郎の「落第」と映ったのであろう。しかし、『由来記』には、その後も王仁三郎が機会あるごとに肝川を訪ねたことを記し、開祖昇天後はもっぱら小房の啓示によって大本教の基礎を築いたと主張している。

王仁三郎が肝川神業を離れ、久も一度は肝川に接近したものの、憑依した神が悪霊であることが見破られた。そしてその次に肝川神業を引き継ぎ、正しく世に出そうという人物が現れた。

それが、一度は王仁三郎と行動を共にした矢野祐太郎であった。

矢野は、元エリート海軍軍人であったと同時に、宗教や歴史に造詣が深く博覧強記、さらには優れた霊的能力をも有していた。

王仁三郎と袂《たもと》を分かつと、大門正道会の福島夫妻と肝川に接近、やがて肝川竜神を世に出すのは自分しかいないと自覚するに至り、様々な神霊界の因縁や経綸上の仕組みを解き明かしていく。

矢野が反王仁三郎派に転向したのは、おそらくは天皇に関する解釈に原因があったと思われる。矢野は生粋の皇国中心主義者であり、天皇絶対派であったから、たとえ天子《てんし》（天

元エリート海軍軍人であった矢野祐太郎

皇）といえども大神の定め給うた皇道に従わねばならぬと言い放ち、自ら天子さながらの態度さえ取る王仁三郎と衝突するのは必定であったと言えるだろう。

両者が決裂したことは誠に残念なことであったが、矢野の遺した霊的業績は経綸上において極めて重要なものがあると筆者は感じている。

たとえば「日の出の神」の謎を解くことも、このたびの大神業を進める上で不可欠である。矢野もそのことに気づき、「日の出の神」の研究に身命を捧げたのであった。

そこで、矢野祐太郎とはどういう人物であったか、何を為した人であったかについて、前著とも重複するところもあるが、重要なだけではなく、大変に興味深い裏話でもあろうかと思われるので、次に詳しく述べてみたい。

優れた霊的能力を有していた矢野祐太郎

矢野は、明治十四年（一八八一）三月十五日、東京・築地に、四男一女の長男として生まれた。父親の源次郎は、明治天皇のお召《めし》列車の運転に常に奉仕したという鉄道技師であった。

築地中学を出ると、海軍兵学校へ進学。明治三十九年（一九〇六）十二月、大尉の時に小樽市色内町出身の雅楽川《うたがわ》シンと結婚、三男一女をもうけた（筆者はこの〝一女〟である青砥代矢子《あおとよしこ》女史と、生前に親しく当時のお話を伺う機会を得た）。

日本海海戦では戦艦「三笠」に乗船、参戦したが、この時日本軍の砲弾に不発弾が多かったことに気づき、約二年間を信管の研究につぎこみ、その改良に成功した。

大正二年から五年にかけては、軍の特別任務を帯びて大使館付武官として欧州へ派遣され、イギリス海軍が秘密裡《ひみつり》に建造していた異形マストの軍艦の構造を調べる。その一方で、世界的な某秘密結社（フリーメーソンのことか）に潜入し、日本包囲伏滅作戦という重大情報を入手し帰国している。

さらに矢野は、櫓《ろ》式マストの考案、新合金の試作成功による十六インチ大口径砲の開発、ボタン一つで全艦載砲を自在に操作可能にする電動装置の完成など、英米に比べて劣勢だった日本海軍の戦闘能力強化に大きく貢献し、中佐としては破格の勲三等に叙せられている。

大正七年より海軍大学校で教官をつとめ、翌八年には大佐に昇進。まもなく少将に昇進する直前の大正十一年、突然に海軍を辞して予備役となり、神霊の研究にすべてを捧げるようになる。

現役を退くにあたっては当然ながら、かなりの引き留めがあったようだ。当時の海軍元帥・加藤友三郎《ともさぶろう》自ら強く慰留を促したが、矢野の決意は固く、独断で辞めてしまったと伝えられる。

またこの頃、森恪《もりかく》、鳩山一郎等と中国の革命を援助しようと上海に渡った。すると、すでに革命運動は失敗していて、同志も四散していたため、失望して日本に引き揚げるという二人と別れ、矢野はそのまま奉天に入った。

奉天では浪花通に事務所を構え、張作霖とも連絡が取れて、さてこれから活動開始だという時になって、日本から関東大震災の報を受け取った。そこで矢野は急遽《きゆうきよ》、後事を同志に託し、家族の待つ東京・山谷阪町に帰って来た。それから矢野一家は東京から綾部・上野町の自宅に引き揚げてくるのだが、まもなく、王仁三郎が矢野宅を訪れる。

この時のやりとりが、第一章冒頭において記したものである。

「入蒙」裏工作秘話

矢野は、王仁三郎の蒙古入りを裏で工作することを承諾した。それから、蒙古人には何でも大陸的なのがよいのだと、それまではたんに王先生と呼んでいた王仁三郎を聖師と改称し、白紙四ツ切りほどの特大型名刺を作ったり、奉天の城内に居住していた盧占魁に連絡を取り、部下を引き連れて王仁三郎一行を出迎え、蒙古に護導するように依頼したり、内々に準備を調えた。

大正十三年の大本の節分祭の当日、混雑に紛《まぎ》れて当局の監視の目をすりぬけ綾部を脱出した一行は、一番列車に乗り込んで首尾よく京都に入ると、前日から潜行して彼らを待ち受けていた矢野夫人から奉天行きの切符を受け取り、そのまま一路奉天目指して渡航したのであった。

奉天駅に到着した矢野は、ホームの人混みをジロリと見回すと、どうも自分たちを探しているらしい警官の様子を見て取った。素早く一行を車に押し込んで浪花通の事務所に車を乗り付け、部屋を斜めに走り抜けて裏門にまわり、そこからまた車に乗り城内の盧の家に送り込んでしまった。

矢野はその間に盧に連絡を入れ、的確に指示を与えている。

「今着いたが、もう網が張られている。ここで愚図付いてはダメだ。君はすぐ一行を連れて出発してくれ。まず四平街まで一気に飛べば大丈夫と思うからしっかり頼むぞ。俺は後方工作のためしばらく後に残るから」

盧はこの指示を受けて、自分は今日のために護導態勢を完了して待機していたのだからとばかりに、即座に部下を糾合《きゅうごう》し、王仁三郎ら一行と車を連ね城内から四平街に向けて飛び出して行った。

一方矢野は、この電光石火の如き脱出作戦により、一行をどうにか奥地への道につかせて事務所で一息していると、警官がドカドカとやって来て矢野の前に立ち、一行の引き渡しを求めた。

「出口って、そりゃあ誰のことだい。そんな男はここには居らんよ」

「いや貴方が駅から同道したのを見届けておる」

「それなら連れていけ」

と押し問答を繰り返している一分一秒のうちに、一行は奥地へとすっ飛んでいる。まずはよしと、矢野は腕組みをしながら思った。

ところがその数カ月後、張作霖による討伐の指令が出て一行はパインタラで包囲、逮捕されてしまった。そこで全員が銃殺刑ということに決まったとの諜報を受けた矢野は歯がみして口惜しがった。

ただちに矢野は奉天軍や関東軍の特務機関に助命嘆願をかけ、結果、現地人の激昂《げっこう》を鎮めるため盧以下の蒙古人十余人は銃殺されたが、王仁三郎を始めとする一行は特赦で死罪を免じられ本国に強制送還されることとなり、奉天に護送されて来た。いよいよ送還の日、矢野は、大本教奉天支部長であった西島某氏に新調した着物に袴《はかま》を添えて届けさせ、一行を厚く慰問し、自らも注意退去で奉天を離れ、帰還したのであった。

「日の出の神」の神業を受け継いだ矢野夫妻

この入蒙事件後、王仁三郎と喧嘩別れした矢野は、大本との関係を断って、八木の福島久一派の「世界大門」に入り、『日乃出神諭』の研究に没頭していた。

矢野夫人、シンが初めて肝川を訪ねたのは、大正七年十月二十六日のことである。この時は浅野和三郎、友清天行らも同行した。矢野が肝川を初めて訪れたのは、翌八年一月一日、同道者は海軍造船大佐・新城新九郎、同造兵大佐・武藤稲太郎の二人であった。

その後シンだけは年二、三回は必ず肝川に参拝するようになったが、そのうちに昭和三年を迎えた。

八木の久に出た日の出の神の筆先を調べていた矢野は、肝川の地には何か神代からの深い霊的因縁があり、車夫妻を大門に連れて来たら、きっと日の出の神より因縁を説き出すだろうと考えた。そして同年五月十八日、八木の世界大門の出張所である大阪正道会の星田清丸と共に、肝川を訪れることとなり、ここから矢野と肝川との本格的な結びつきが始まった。

同年十月七日、福島久、星田悦子、矢野夫妻らによって第二回肝川開きが執り行われた。これ以降、肝川竜神は大阪堀江の大門正道会の神殿に一年にわたり奉斎されることになるが、昭和四年十月、矢野に神示が下り、肝川竜神は再び元の肝川の地に還ることになった。

それは正道会に誰も神の心をわかる者がいなかったからで、矢野の肉体を通じて秘密裡に肝川に移った後も正道会はそのことに気づかず、神不在のまま奉斎を続けることになったという。

矢野側の主張による、綾部の大本（出口ナオ）、八木の大門（福島久）、そして肝川（車小房）の三箇所に現れた因縁と仕組みの事情は次のようなものである。

開祖・出口ナオの筆先には、「大本は身魂の因縁性来《しょうらい》を説くところである」と記されているが、大正七年に昇天するまでの開祖の筆先の何処を調べてみても、身魂の因縁を説いている箇所は見当たらない。その理由は、出口王仁三郎として大本に出現した「天照彦大神」にある。神霊界では当初、国祖・国常立大神以下二十五柱の神により神政政治が行われていた。天照彦はその神代の時代には正神であったが、稚比売君大神の御子神の一柱である金龍姫大神に恋愛欲の思念を出し、神霊界最初の秩序破りを行い、以後悪神となったとされる。その身魂を持って現れたのが、出口王仁三郎だというのである。

このために、せっかく出て来られた龍宮乙姫大神も、明治三十三年に再びもとの龍宮海へ引っ込んでしまわれた。こうした訳で、身魂の因縁はついに大本の筆先には現れぬまま、開祖は昇天してしまった。

その後、開祖が為すべきことを受け継いだのが、八木の福島久夫妻である。ここで「義理天上日之出神」が現れて、久の手を使って説いたのが身魂の因縁であった。ところが、大本信徒たちは久のもとに現れる神を悪霊なりと称し、この筆先をまったく取り合わなかった。というのも、久には「八尾狐《ヤツオギツネ》」やまだ改心しなかった「大鶴姫大神《オオヅルヒメ》」が現れて、乱脈を極めていたために、そう見られるのは当然のことであった。

経綸上極めて重要な「身魂の因縁を説く」という神業は、こうして八木に移り、「日の出の神」により明らかにされていくのだが、福島夫妻も、同じ志を持って動いていた星田清丸・悦子らも、世界大門などという大げさな看板を掲げながらどうしても考え方が自己中心的になり、大局に目覚めることが出来なかった。

昭和四年十月二日、シンに肝川八大龍神《はちだいりゅうじん》が憑かり、矢野に対して、「正道会には一人として神の御心を理解し得る者がない」との神意が伝えられた。これで最終的に肝川諸神霊の御心を汲み取り、重大神業を受け継ぐのは自分しかいないと決意した矢野は、八木の八大龍神を密かにもとの肝川の地に帰還させたのであった。

車小房にもこのことをわかってもらえず、袂を分かった矢野は、それから「日の出の神」の神業を一身に背負うことになるのである。

『神霊密書』の編纂

矢野は大変な勉強家で、もともと史学経典については博学であった。記紀はもちろんのこと、『上記《うえつふみ》』『天津金木《あまつかなぎ》』『九鬼文書《くかみもんじょ》』及び黒住《くろずみ》・天理の各教説、キリスト教は新旧の両聖書に、仏教は八宗の教理に通じていたという。

加えて、霊媒的体質を有していたが、矢野夫妻の神憑かり神業は、もっぱらシンが憑代《よりしろ》となり、矢野が審神《さにわ》するという形で行われた。つまり、シンが自分の肉体に神霊を降臨させ、口伝てに伝えるシャーマンとしての役を担い、矢野がこの神霊を如何なる神か判断し、問答を交わす審神者《さにわ》の役を務めたのである。

肝川とも離れて、六甲から東京に移ってきた矢野は、昭和五年十一月六日、「大出口直霊大神（昇天後の開祖の神名）から、棟梁皇祖皇太神宮《おむやこうそこうたいじんぐう》へ行けとの勅命を受ける。それが何処にあるかもわからず、いろいろと調べた結果、北茨城の磯原に、そのお宮があることが判明した、と後に彼は述べている。

同年十一月十四日、矢野は皇祖皇太神宮に参拝、管長の竹内巨麿《きよまろ》と会い、『竹内文書』

の研究に取り組むことになる。

そして昭和七年の節分の夜、矢野に次のような神示が下りる。

「今日までに口伝にも文書にも伝え遺してないことを、お前が余り熱心に聞くので、神もついにお前の熱心に免じてこの点までは教えたのであるから、お前は自分の頭に刻み込んだその事を書き残せ」

こうして矢野は、諸家の古文献や筆先を検討したり、シンの霊媒力と自らの審神眼によって解明したところのものを、「神示現示宇宙剖判より神政成就に到る神界現界の推移変遷の概観。日本天皇の発祥。世界統理。統理放棄。統理復帰。神政復古の経緯」にまとめた。これが矢野の代表的遺作となった『神霊密書』である。

このようにして、『神霊密書』の編纂は終えたものの、出版しようにもその費用がなく、取りあえず百部を謄写刷りにし、高松、久邇《くに》、東久邇《ひがしくに》、梨本《なしもと》、閑院《かんいん》、朝香、竹田の各宮家に献上すると共に、元警視総監・赤松濃をはじめとする有志に配った。

すると、竹田大妃宮から、「天皇様（昭和天皇）に差し上げたいから、一部届けて欲しい」との要望があったが、もうこの時には刷ろうにも紙が無いので困っていたところ、上杉伯から好意の申し出があって、桐柾の薄板を表紙に矢野自ら浄書した素雅な装丁の献上本が完成した。

しかしこの昭和七年には、すでに矢野の言動は特高によって監視されていた。自宅の前にも特高が目を光らせている。献上本は出来たものの、大妃宮にこれを届ける隙がないので困っていると、折よく同宮の隣の北白川宮若姫の婚儀の件で、宮中から使いの女官が往復し始めた。矢野はその女官に事情を話し、大妃宮に届けてもらいたいと献上本を預けることにした。

女官は、北白川宮邸からお庭伝いに竹田宮邸に行って、大妃宮にお渡しすると、大妃宮はすぐに宮中に参内して内密に皇后に手渡し、天皇に献上されたようだ。後に皇后からは、「たしかに天皇様に差し上げましたから」との言葉と共に、天皇が御嘉納《かのう》されたおしるしですと、御紋菓一折が矢野に下された、という。これにより矢野は、『神霊密書』は無事天皇陛下にまで上奏されたと判断したのであった。

また、こんなこともあった。

軍部の動きが活発になり、国情も騒然としてきた頃のことだが、矢野はある日、永野修《ながのおさ》身《み》軍令部長に電話を入れ、多忙だろうが、来てくれないかと告げた。永野修身と言えば後に海軍元帥にまでなる人物（戦後はA級戦犯として裁かれるが、拘置中に所内で病死）であるが、矢野とは兵学校で同期の仲であった。

永野はすぐに矢野宅にやって来て、二階座敷に上がるなり、大胡座《あぐら》で、

「オイッ、話ってなんだ」

と切り出した。しばらく談話していた両者であるが、やがてどこでどう話がこじれたものか、

「貴様は何という大馬鹿者か、そんなことで御奉公が出来ると思うのか」

「貴様こそ頑迷《がんめい》だぞ。現状を見よ現状を」

などと怒鳴ってはドシンドシンと机を叩き合う始末となった。この時夫人のシンは階下にいたが、今にも取っ組み合いをやり出すのではないかとハラハラしたという。

「それじゃ、俺は帰るぞ」

と言い、階段を降りて来て靴を履いている永野に、矢野は、

「これが貴様に言う最後の言葉だからよく聞いておけ。貴様たちが今のままの考えで進んで行ったら、日本は大変な目に遭《あ》う時が必ず来るぞ。その時になって野良犬のように四ツ

ン這いになって宮城（皇居）のまわりを這い回りながら、陛下に大変なことを致しましたとお断りをしようが、よしんば貴様が申し訳ないと泣いてお詫びの腹を切ろうが、それは糞の役にも立たァせんのだぞ。よいか。しかし今俺がどんな話しても貴様の耳には入らんのだから、後でこれを読んでみろ」

と、この時は完成していた『神霊密書』をグッと突き出した。永野は、「ウン」と頷いて一瞬キラリと光る目玉で矢野を見て、静かに「貰《もら》っておくぞ」と言いそれをつかんだが、二人の手は磁石に吸い着けられた鉄片のように、しばらくは離れなかった。

それから永野は、シンに向かい、

「奥さん、こいつを頼みますよ」

と言うと、右手にしっかりとその本を握って車に乗り込み、去っていった。その後ろ姿を石像のように見送っている矢野を、シン夫人は、立場の違いでお互いに意見の相違はあろうが、信じ合った者同士の友情の美しい姿だと涙して眺めていたという。

検察を手こずらせた矢野の堂々の供述

政情はいっそう不安を増し、国家権力による横暴が幅をきかせるようになってきた。とにかく少しでも気に食わないと検察が片っ端から引っ捕らえて締め上げていた時代であったので、当然、矢野の存在は目の上の瘤《こぶ》であったらしい。

昭和十年十二月の第二次大本事件、あくる昭和十一年の二・二六事件に続き、ついに矢野に当局の手が下された。「矢野は詭弁《きべん》を弄《ろう》して国の尊厳と皇室の神聖を冒瀆《ぼうとく》しておる、その証拠はその著書で歴然だ」というのが理由であった。同年三月、矢野の身柄は大井警察署に拘留され、取り調べを受けることになった。またシンも、矢野より三ヵ月ほど後に拘引されている。

かつての彼の海軍時代における功績や、宮家との深いつながりなどに遠慮してか、大本人に対して行ったような苛酷な尋問は行わなかったようだが、強引に罪を認めさせようとする東京刑事地方裁判所検事の愚劣なやり方に憤然とした矢野は、「君では話にならんから替われ」と二人、三人と尋問を拒否する。そして何人目かの係官となった佐野茂樹検事と向かい合った時に、「君は話がわかるようじゃな」と初めてニッコリした。そしてそれから翌十二年十二月二十五日に不敬罪の容疑で巣鴨東京拘置所に移されるまで、国体と皇室に関して堂々の供述を続けたという。

ところが、千日近くに及ぶ取り調べでも、まだ不敬罪で立件するのに必要な事由が何処からも得られないばかりか、これ以上詮索《せんさく》していけば逆に検察側がその論旨を認めねばならない羽目になりそうだった。といって思想転向の勧告には頑として耳を貸さないわけだから、どうにも処置に仕方に困った彼らは、ここで手法を変え、「精神鑑定」という形式を取って異常者の烙印《らくいん》を押し、狂人に仕立てて矢野の所論はもちろんのこと、その人格までも社会から葬り去ろうと試みた。しかし矢野はこれに対しても、「自分の精神状態は正常だから鑑定の必要はない。また自分の所論の正しいことは神聖な公開の法廷で論述しよう」と反論し、応じなかった。

矢野はこの拒否の次に検察がどのような陰惨な手段に出るかは予測していたようであるが、その予見に怯《おび》えたところなど微塵《みじん》もなしに、自若《じじゃく》として所内でいわゆる〝敷衍《ふえん》の著述〟を続けたのであった。

矢野は自分が当局に殺されることを予見していた

昭和十三年八月二十二日、五十八歳だった矢野祐太郎は同所内で急死する。

訃報を聞いて同夜八時ごろ長男・迪穂《みちほ》と中里義美《なかざとよしみ》（『神日本』発行者）弁護士とが遺体を引き取りに出向いたところ、「火葬にして遺骨を渡す」と遺体での引き渡しを拒まれた。納得の行かぬ二人は、「遺骨でないと渡せぬとはどういうことか。理由を説明せよ」と翌日の午後まで抗議し続けたところ、「死因についてあれこれ詮索せぬことにして、重病人であったということで引き取ってくれ」と遂に当局は兜を脱いだ。こうして矢野の遺骸は、夫妻が拘引されてから家族が引っ越していた玉川の溝ノ口の小さな裏長屋に戻ってきた。

当局が説明しないでも、矢野の死因に不審な点があることは誰の目にも明らかだった。ある種の薬物を飲まされた末の中毒死であることが窺《うかが》われる紫暗色の斑点が全身に現れていたからである。縁者の中には、遺体を解剖して死因を彼らに突きつけ、飽くまでも当局を糾弾しようと憤激する者もいたが、夫を亡くしたシンは冷静だった。

「矢野はすでに今日のことがあるのを予知していて、その時が来ても慌てるなよと身体を張り、満足して命を捨てたのだし、それに死因については詮議だてしないと当局に約束したことだから、何も言わずに矢野を見送って欲しい」

シンは拘引後、警察署内で厳しい取り調べに堪え、真夏の不潔な留置場で九十余日を頑張ったあげくに、栄養失調がこうじて危篤になったために宅下げとなっていた。そのシンが逆に宥めたから、彼らもそれではと口をつぐんだ。

告別式は事情が事情であったため密葬で執り行うことにしていたのだが、霊前には各大臣や高官、各階層の著名人、各種団体から数百の献花や弔旗《ちょうき》が供えられ、玉串を捧げる者は三百人を超え、一般の会葬者も路地から表通りに溢れたため「ここには一体どんな偉い方が住んでいたのですか。気づかずにいて申し訳ありません」と村長が慌てて来るやら、交通整理の巡査が立つやらという盛大なものとなってしまった。

『神霊密書』はこうした矢野の文字通り命を賭けた神業の結晶であったと言えようが、これには後日談がある。

昭和三十六年五月中旬、矢野が存命中からの知り合いで、堺市在住の坂田義一氏からシンに電話があり、中川治三郎という霊能者がシンに用件があると言っているので至急来訪するようにと告げられた。急いで堺に行ってその霊媒師と会ってみると、たちまち態度が変わり、矢野の口調になって喋り出した。この中川某なる人物は矢野とは生前一度も会ったことはなく、また生前の彼の素行など知るべくもないのだが、矢野の霊が中川氏に憑依し、当局に殺された時の事情について、こう語ったのである。

「自分はあの時、風邪をひいていたので風邪薬を渡されたが、それが風邪薬ではなく他の薬物で、それを飲めば死ぬということは知っていた。だが、自分の使命はあの本（神霊密書）を完成し、赤鬼白魔（ソ連と英米の意）の手の届かぬ所に残したことによって終わったのだから、結果を承知の上で嚥下《えんか》したのだ。残念だったのは、肉体を持っているうちに明治天皇様に最後の御挨拶を申し上げたかったのが、薬を飲むとすぐ口がきけなくなって御挨拶申し上げられずにこちらに来てしまったことだ。それで明日はこの事をよくお詫び申し上げてくれ」

翌日、シンは坂田夫人と共に桃山御陵に参拝し、右の次第について言上したのであった。

なお、『神霊密書』は昭和三十九年七月、矢野シンの手により『神霊正典』というタイトルで復刻版が刊行されている。本稿における矢野祐太郎にまつわる右の経緯は、同著冒頭に寄せている安部時敏氏の「そえがき」と矢野シンの「まえがき」にほぼそのまま拠ったものである（『神霊正典』は既に絶版だが、八幡書店より発行された『神政龍神会資料集成』という大著に収録されている。ただし安部氏の「そえがき」及びシンの「まえがき」はない）。

矢野の解明した「神霊界」の真相とは

矢野祐太郎がその半生を捧げて解明した宇宙剖判からの人類の歴史、神霊界の構造や神々の性格と働きといった霊的真理は、軽視出来ないところがあると筆者は感じている。

矢野はこうした霊的真理を、主に、大本開祖の筆先である『大本神諭』や福島久の『日乃出神諭』、車小房により伝達された肝川八大龍神の神示、そして竹内巨麿の『竹内文献』に多大な影響を受けながら構築していった。

神代からの歴史については、『神霊正典』を繙《ひもと》けばわかるように、ほぼ全面的に『竹内文献』の内容に準拠している。そして神霊界の諸論については、ナオや久の筆先、及び肝川の神示群、夫人を憑代とした神憑かり神業などに基づき、まとめたものとなっている。

大本主流派では、実は現在もなお『日乃出神諭』や肝川の『由来記』、矢野の『神霊正典』などを読むことはタブー視されている。しかし大本二代の出口澄が、「大本の真実は、出口のことと、大槻のことと、福島のことがわからなければわからない」と述べていたという話（出口和明著『入蒙秘話・出口清吉と王文泰』）にもあるように、やはり今後は

〝悪〟の御役として捉えられていた大本関連の動きにもスポットが当たらなければ真相はわからないと思われる。

とくに矢野祐太郎は、大本→八木→肝川と、「日の出の神」の謎を解く鍵を握る重要なところに深く関わり、その神業を受け継いでいると見え、彼の構築した霊的真理を研究することは、経綸の真相を明らかにする上で欠くべからざる作業となるであろう。

本書においては紙幅の都合上、矢野説による霊的真理の諸相に詳しく踏み込むことは出来ないが、矢野の思想的根幹となった神霊界の構造と神々の系譜を図示してみると、図①のようになる。

また、その重層的神界論によれば、この世を三次元界とみて最奥部にあたる七次元界に至るまで五段階に分かれる。

人間の住む三次元界は「限身《かぎりみ》界《かい》」と呼ばれる。

四次元界は「駈身《かけりみ》界」と呼ばれる神霊界で、その主宰神が国常立大神《クニトコタチノオオカミ》である。

五次元界は「耀身《かがりみ》界」と呼ばれる統治神界で、その主宰神は天照皇大御神《アマテラススメオオミカミ》である。

六次元界は「仮凝身《かごりみ》界」と呼ばれる創造神界で、その主宰神は「根本三六《コンポンミロク》大神」「大国常立大神」といい、『古事記』では「天御中主《アメノミナカヌシ》大神」、『竹内文献』では「天一天柱主《アメハジメアメハシラヌシ》大

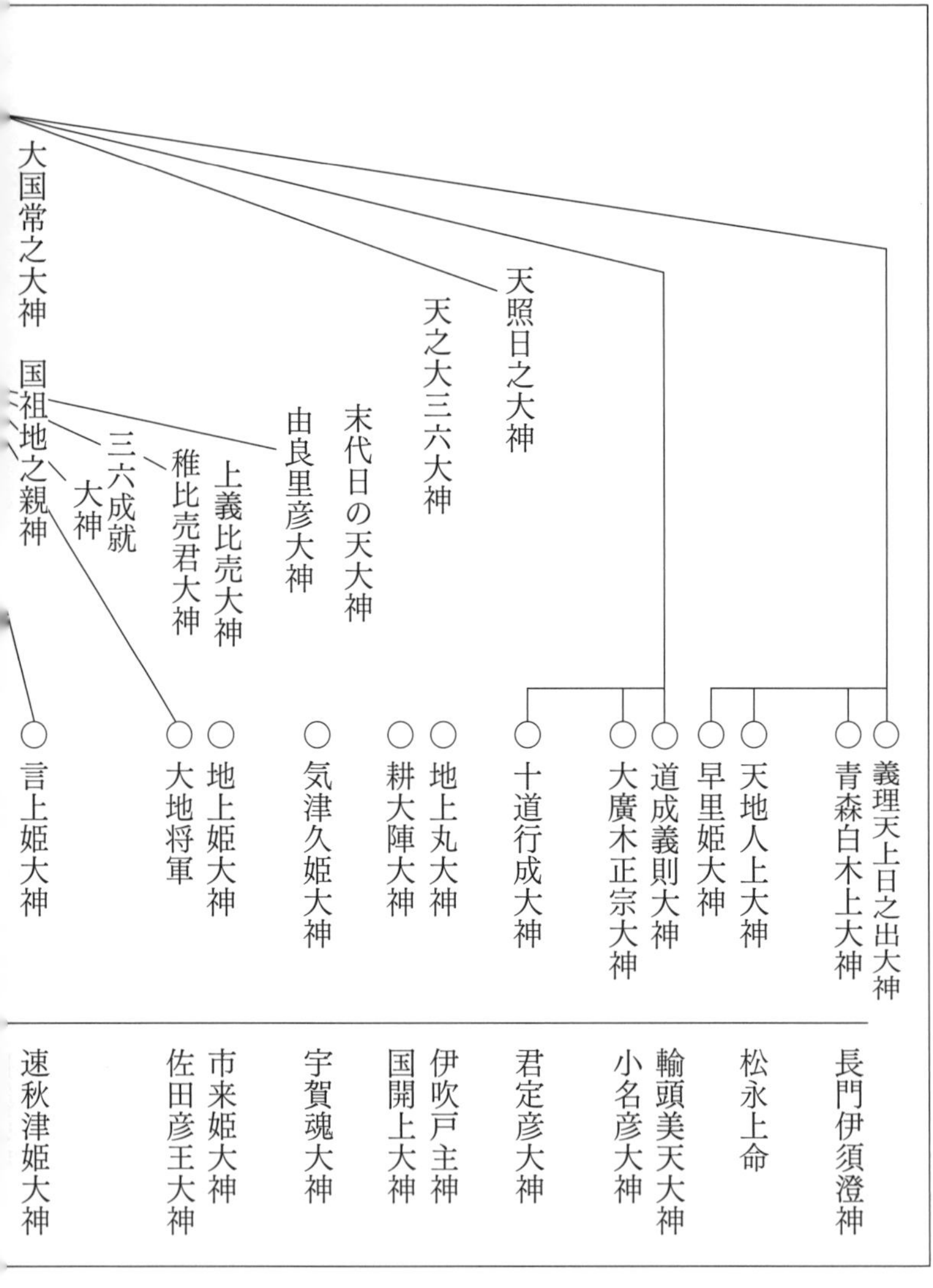
大国常之大神
天照日之大神
天之大三六大神
末代日の天大神
由良里彦大神
上義比売大神
稚比売君大神
三六成就大神
国祖地之親神
義理天上日之出大神
青森白木上大神
天地人上大神
早里姫大神
道成義則大神
大廣木正宗大神
十道行成大神
地上丸大神
耕大陣大神
気津久姫大神
地上姫大神
大地将軍
言上姫大神
長門伊須澄神
松永上命
輪頭美天大神
小名彦大神
君定彦大神
伊吹戸主神
国開上大神
宇賀魂大神
市来姫大神
佐田彦王大神
速秋津姫大神

図①　矢野説による神々の系譜

神の世界の組織		
創造神界　第六次元界	天津大神　（仮凝身神）	中末分主大神 天地分主大神 天一天柱主大神 天一美柱主大神 天地分大底大神 天地分大底女大神 （御　神　魂） 天地根本大祖神の御意志の一部にして創造性を主として統一性自在性限定性を従として具備され発射進展力を以て宇宙生々存々の神業中其の創造を行はせ給う御身魂 （躰　　形） 霊系神漏岐の葦芽気盛なるウミムスビに依り発現し給ひし神なるを以て躰及び形は共にあり給はず。
統一神界　第五次元界	天津大神　（耀身界）	霊之大神（天の御先祖）（天照日大神）（天之大三六大神） 天照皇大御神……陪神（天津神） 天日萬言文造大神 （御　神　魂） 天地根本大祖神の御意志の一部たる統一性を主とし創造性を主とし創造性・自在性・限定性を従として備えられ凝集結合力を以て宇宙生々存々の神業を統一し其の修理固盛を全一ならしめんとする御身魂 （躰　　形） 霊系神漏岐の葦芽気盛にして体系神漏岐の葦芽気劣勢なるウミムスビに依り発現し給えるに依り躰形を有し給はず。
自在神界　第四次元界	国津神　（駈身界）	八百八光神 （艮の金神）　天津大神霊統神 （地の親神）　天津神霊統神 （国　祖）　国津神霊統神 国常主大神　国津神霊統神 （国萬造主大神） （坤の金神）　龍宮系 比津遅比売大神　霊統神 （国萬造女大神） （御　神　魂） 内実化育性を主とし具備し円融親和力を以て宇宙生々存々の神業中具象世界即ち第三次元界の生成化育を分担され其の修理固盛を全一ならしめんとする御神魂＝御意志 （躰　　形） 霊系神神漏岐の葦芽気微弱にして体系神漏美の葦芽気旺盛なるウミムスビに依りて発現し給ひしを以て躰体を有し、此の界特有の霊質を以て龍体をなし給い御意志のまま千変万化す。

図②　矢野の唱える重層的神界論（『神の世界の御話』より）

神」ということになる。

さらにその上の七次元界は「隠身界《かくりみ》」と呼ばれる大元霊界で、仏教で言えば三千大千世界そのものということになる。宇宙の万物を内包し、すべてのものを生成化育、繁茂繁栄させるところの唯一絶対者の住まい給う神界であり、この神を『竹内文献』では冒頭に「元無極体主王《モトフミクライヌシノ》大御神《オオミカミ》」と記している、という。

この説は、岡田光玉氏の設立した神道系新宗教である「真光《まひかり》」系の団体等で、教祖が神より啓示を受けて明らかにした神霊界の真相として信者たちに教えられているものであるが、実はその創見は矢野祐太郎なのである。

「日の出の神」と「龍宮乙姫」は二柱で一魂

本当はもっとここで矢野祐太郎の説について突っ込んだ解説をしてみたいのだが、それはまた別の機会に譲ることとして、話を「日の出の神」に戻したい。

先に述べた通り、大本では、「日の出の神」は世界の立替え・立直しを行う四魂の神のうちの一柱で、救世主神的なイメージとして捉えられていた。実はそれともう一つ重要なことが『大本神諭』に記されている。それは、「日の出の神」は「龍宮乙姫」と引き添うて、つまりペアで現れるということだ。

そのことは、『大本神諭』の中に非常に沢山記されており、とても全部は紹介出来ないが、一部を次に挙げてみよう。


「世界中から攻めて来ても、日本には敵《かな》はん仕組が為《し》てあるなれど、艮の金神、龍宮の乙姫どの、日の出の神が表はれんと、其処までの神力は見せんから……」

「艮の金神は、三千年あまりて仕組みた事を筆先で知らして、この世の艮《とどめ》を刺して、天の大神様に御目にかける御役であるなり。坤の金神は、実地の経綸を致す御役なり。大地の金神、禁勝金《キンカツカネ》の神は、金の守護を致すなり。龍宮の乙姫殿は、日の出の神と引き添ふて、外国での御働きをあそばすなり。四魂揃うて、三千世界の立替え立直しを致す大望な御役であるから……」

「今度の世の立替えは、元の肉体のそのままである国常立尊が現はれると、次に龍宮の乙姫殿が、日の出の神をお使ひになりて居るから、引き添ふて現はれなさるなり」

「天の御先祖様は日の大神様なり。天照皇太神宮殿、地の世界の先祖が大国常立尊、龍宮の乙姫殿、日の出の神を御使いなされて、夫婦揃うて、天地の大神の片腕になりなされての御活動であるぞよ」

「世が逆さまになりておるのを、艮の金神が表面へ出て、出口の取次で世を元へ戻すぞよ。この神が表になりたら、次に龍宮の乙姫様が現はれなさるぞよ。……この大本に所作柄（出来事）が為して見せてあるから、この大本の様子をよく見ておくがよいぞよ。

大本に在りた事は世界に皆あるぞよ」

「変性男子（出口直）と変性女子（出口王仁三郎）と、龍宮の乙姫殿と禁勝金の神と、四魂揃うて世に落ちておりた霊魂が御用致して、神国の光を出すのであるぞよ」

このように、「日の出の神」と「龍宮の乙姫」とは夫婦神であり、共に協力し合ってこのたびの大神業に参加するのだと考えられている。つまり、「日の出の神」と「龍宮の乙姫」は二柱で一魂とみられていることになる。

しかし、こうした神々の御霊の因縁については、大本では説かれなかった。それが明らかになるのは、『日乃出神諭』や肝川の神業においてである。

矢野は、「日之出大神は龍宮乙姫大神と共に、この両神霊の職分、位置その他が判れば、今回の大神業の動きが判るとまで云はれて居る神であります」と述べ、昭和三年十一月に至って初めて「日之出大神」の消息がわかり、また昭和五年の十一月には、その時点での「龍宮乙姫大神」の正体も判明することになったとし、こう書いている。

「『日之出大神』とは一体如何なる神かと云ひますと、実は之《これ》は一定の神の固有名詞ではなく、神霊界に於ける職名と申して差し支えない言葉であります。今迄《まで》の月の世の薄暗に漸《ようや》く暁《あかつき》が近付いて愈々《いよいよ》明けの烏《からす》を啼《な》かすお役目を勤める神霊を『日之出神』と名付けるのです」（矢野祐太郎謹述『神の世界の御話』）

彼によれば、最初の日の出の神は国祖・国常立尊の第三番目の御子神とされる、大龍体を持つ神霊で、この神が同じく龍体の龍宮乙姫を馬にして諸外国に赴いた。

この龍宮の乙姫とは神界において欲深《よくぶか》第一の神であったが、ついに改心し、真先に国祖の立替え・立直し神業に加わるべく馳《は》せ参じたと言われている。

そのことは『大本神諭』にも早くから、

「龍宮の乙姫殿を見て、皆改心を致されよ。昔から誠に慾《よく》な見苦しき御心で在《あ》りたなれど、今度の世の立替には慾を捨ててしまはねば、神界の御用が勤まらんといふ事が、一番に早く御合点《ごがてん》が参りたから、龍門《りゅうもん》の御宝《おたから》を残らず艮の金神に御渡しあそばして、活発な御働きを神界で一生懸命になって、力量も十分に有るなり。此の方の片腕に成って、今度の世の立替の御用をあそばすから、他の守護神も龍宮様の御改心を見て、一日も早く自己の心の中を考へて改心なされよ」（大正元年旧八月十九日）

などと示されている。

この龍宮乙姫は、この世の物質的な富、金銀財宝を支配する神である。世界に現在確立されている経済組織をつくり出した神を「月晴別命《ツキハルワケノミコト》（高津玉大神《コウツダマ》）」といい、この神が人間に金銀（貴金属）の観念を植えつけた。この思念、すなわち運用法を受け継いだのが龍宮乙姫で、過去長年月にわたり乙姫は人間共をして金銀を採取貯蔵させたのだという。

矢野の言葉を借りれば、現在全世界の金権を掌握しているのはユダヤ民族であるが、その背後にあって、これを霊的に操縦しているのが日之出大神である。日之出大神は、ユダヤ民族を使役して外国の立替え立直しの準備をしたもので、これを称して神諭では「乙姫を馬にする」と言うのである。その後に、フランスに居る「高津玉大神」が日本に来て、先ず日本の経済の立替え立直しを行い、それから世界の経済が立直るのだという。

すなわち、龍宮乙姫は黄金や銀、貴金属など物質的富の守護神で、日の出の神は、現代では金融を牛耳るユダヤ民族を霊的に操縦しているということだ。また国際連盟も、日の出の神がユダヤ系を使って作らせたとされる。

そして、乙姫が改心して日の出の神と共に国祖のもとに馳せ参じたということは、これが現界に移写するならば、金融を支配するユダヤ民族が日本と力を合わせ、世の立替え立直しのために尽くすという事態として現れるはずであり、そのことは間もないとされたのである。

矢野祐太郎の解明した「日の出の神」の正体

このように日の出の神は、龍宮乙姫を馬として、ユダヤ民族を操縦する形で近代に現れる。これが第一に現れた日の出の神であり、その活動は現在でも続いている。

次に現れた日の出の神は、国祖・国常立大神自身である。黒住教の黒住宗忠《むねただ》、天理教の中山みき、金光教の川手文治郎《かわてぶんじろう》といった各教祖に帰神《きしん》現象が起きたのは、第二の日の出の神の発動であった。

黒住宗忠の場合は、国常立大神が天照皇大神の御名において現れた。宗忠公の作である掛け軸に、真ん中に真紅の日の丸があって、天照皇大神と御神号を記したものがあるが、この日の丸には既に日の出の神の意味が現れている。

天理教の中山みき教祖の場合も、激しい神憑かりが起こった当初、「元の神」は国常立尊を名乗ったという説もあり、また、根幹的な教義として説かれている「十柱《とはしら》の神の守護」にも、矢野によれば日の出の神の御働きを教えたくだりがあるという。

続いて興った金光教の場合、川手文治郎に国祖神がその御子神の一柱である「大地将軍《だいちしょうぐん》」を「天地金乃神《てんちかねのかみ》」と名乗らせて派遣し、それまで世に落ちていた「八百八光《はっぴゃくやこう》の金神」を世に出した。この神示の中に、また「日の出の守護」という言葉が見えていると矢野は言う。

そして明治二十五年、〝艮の金神〟こと国常立大神が出口ナオに憑かかり、大本が発生、膨大な筆先が綴られていくのである。

第三番目に現れた日の出の神は、福島久に憑かった「義理天上日之出神」であった。

矢野説による神経綸の大きな流れとは、限定の御代から自在の御代へ、自在の御代から限定の御代へと移り変わると考えられている。つまり、神代の頃というのは、絶対的な秩序・法則のもと、国祖を主宰神とした神政政治が施かれていた。それからこの世に悪神や悪霊がはびこり、善かれ悪かれ何でも自由自在に振る舞える乱れた世になった。だがようやく今、そのような自在の御代は終わりを告げようとし、再び限定の御代へ移行する経綸段階に入っている。この時期に、神定の規則通りにすべてが裁かれ、アクが清算された後、統一の御代が顕現することになるという。その移行期である現代に現れ、いわば裁きの神の役を果たすのが、「義理天上日之出神」なのである。

さらに矢野は、昭和五年の初夏に、龍宮乙姫から神示を受ける。

「龍宮乙姫、日の出の神と引き添うてと前々から言われている日の出の神は、汝の前に現れた日之出神ではなく、象頭山金比羅大権現《こんぴらだいごんげん》に居られる『日之出生魂《ヒノデイクタマ》大神』である。いよいよ時来たらばお迎えに行かねばならぬ」

こうして、第四番目に現れた日の出の神は、「日之出生魂大神」であることが判明し、昭和八年三月二十三日、この神霊を迎えるため四国の金刀比羅宮《ことひらぐう》の奥宮に参上し、矢野の手で鎮斎し奉ったのであった。この後、「日之出生魂大神」から矢野に対し、

「いよいよ此度《このたび》時節参り、待ちに待ちし世が参りました。いよいよ龍宮の乙姫と引き添ふて御神業に参加いたしましてございます」

との神示があったという。

矢野の解説によれば、要するに日の出の神とは、世の大転換の節目に現われ出て、世界

の大改造を行う「現場の総責任者」ということになる。そして、軍隊に譬えるならば、この度の立替え・立直しの大神業の総指揮を取る総司令官元帥の役割を担っているのが第四番目の日の出の神である「日之出生魂大神」だというのである。

矢野は、残念なことに、この第四番目の日の出の神まで明らかにしたところで、この世を去ってしまった。

それ以降、はたして日の出の神は、どのような形で現れているのであろうか。日の出の神が、世の立替え・立直しに主要な役割を為す神であるならば、今でもこの神は活気凛々《りんりん》として地上に働きかけているはずである。

その点が明らかになれば、現在における神経綸の進展状況は自ずから判明し、同時に、世界に起こるべき事象もおおよその予測がつくことであろう。

第三章

大本発生の古代史的因縁

大本は何故丹波で発生したのか

本章では少し視点を変えて、丹波地方の古代史と大本の発生の霊的因縁というテーマを掘り下げてみたい。

本書をお読みになる方の中には、過去のことよりも未来のことを知りたいと考える人も多いと思う。しかし、過去を繙《ひもと》くことは現在起きている事象を解明することにつながる。そして過去から現在の流れがわかれば、必然的に、その時間的延長である未来のことも見えてくるはずである。

その意味から筆者は、歴史的なアプローチ、とりわけ古代史の研究は、われわれのルーツを知る上でも、現在起きている、あるいは起きつつある霊的な出来事の本当の意味を知る上でも、不可欠な作業と考える。

明治二十五年、出口ナオが突如として神憑かりになり、大本が彼の地に出現したのは、けっして偶然などではない。「三千世界の立替え・立直し」を宣言した〝艮の金神〟こと国常立尊の雄叫びは、かつては丹波・丹後地方を治めていた先住の祖先たちのルサンチマン（怨嗟《えんさ》）でもあったのである。

第一章、及び第二章では、大本と王仁三郎を中心に、近代の日本に発生した霊的な動きをかえりみた。本章では、時間を古代に一度引き戻す形で、丹波地方の綾部と亀岡に何故大本が発生したのか、その古代史的な因縁を浮き彫りにしてみたい。

それから第四章、第五章において未来に関する事柄を扱うが、それも本章のことをある程度踏まえていないと、わからない部分も多いと思う。

宗教的側面ばかり好んで目を向ける人は、歴史という現実的側面を軽視しがちであるが、どうか本章も読み飛ばさずに、お付き合い願いたい。

丹波の鬼伝承と「鬼三郎」

もともと、丹波地方は古くから「鬼」伝承が存在しているところである。

そこに、出口王仁三郎率いる大本が忽然《こつぜん》と現れ、日本列島を巻き込む大運動に発展したわけだが、そこには不思議な一致点がある。

王仁三郎は、出口家に養子に入る前の本名を上田喜三郎といったが、綾部に移って世継ぎと指定されていた澄《すみ》と結婚した頃、筆先に喜三郎の名が「おにさぶろう」と出るようになった。音読みすれば喜は鬼に通じるが、彼はこの名に「鬼」の字を使うことを嫌い、代わりに「王仁」と当て字をした。応神天皇の時代、『論語』十巻、『千字文』一巻を持って渡来した百済《くだら》からの使者、王仁《わに》博士から取ったものである。

つまり、上田喜三郎は最初、神より「おにさぶろう」と称されたのであり、それは「鬼三郎」とも書けたわけである。

綾部のすぐ北に位置する大江《おおえ》町は、鬼退治の伝承で有名なところである。

古代史を繙《ひもと》くと、この鬼退治伝承のモチーフとなった出来事に絡む重要人物として、二名ほどが浮かび上がってくる。それは、彦坐王《ひこいますのおう》と麻呂子親王《まろこしんのう》である。

彦坐王は、第九代・開化《かいか》天皇の皇子《みこ》とされ、古事記には、第十代・崇神《すじん》天皇の御代に、日《ひ》子坐王《こいますのおう》を旦波国《たにわのくに》に遣わせてクガミミノミカサを討ったと記されている。

クガミミノミカサは、文献上は土蜘蛛《つちぐも》とも呼ばれており、丹波地方を根城としていた土着民であったことは間違いない。なお、クガミミとはクカミ（九鬼）であると解釈する説もあるが、そうだとすると、旧子爵《ししゃく》である九鬼家に伝わる『九鬼文書』に出てくる根元神「宇志採羅根真大神《うしとらこんしんおおかみ》」との関連も指摘できる。元丹波国綾部藩主であった九鬼家と大本とは、因縁浅からぬものがあることが知られている。

崇神天皇とは兄弟とされる彦坐王が、クガミミ一族を討ったということは、体制側にまつろわぬ「逆賊」が「鬼」と解されただけであり、その正体は丹波地方の製鉄技術と農耕文化を持つ先住民ということになる。

また、麻呂子親王は、用明《ようめい》天皇の皇子で、聖徳太子とは異母兄弟にあたる。太子の母親は周知のごとく穴穂部《あなほべ》間人皇后《はしひとのこうごう》であるが、麻呂子親王の母親は、『日本書紀』の記述によれば、葛城直《かつらぎあたい》磐村《いわむら》の娘で広子《ひろこ》といった。

彦坐王の時よりおそらくは三百年ほど後のことであるが、この麻呂子親王もまた播磨《はりま》を発して丹後・丹波の地に「鬼退治」に来ている。この時の鬼というのもやはり、クガミミと同じような土着民族であった。

麻呂子親王の母であった葛木の広子は、役小角《えんのおづぬ》伝説でも知られる葛木《カツラギ》一言主命《ヒトコトヌシノミコト》の末裔と言われ、葛木一言主は素盞嗚尊《スサノオノミコト》の皇子であったという（系図参照）。とすると、自らスサノオの御魂を名乗った王仁三郎との因縁もあるのかもしれない。

大本初期の頃、開祖・出口ナオと王仁三郎は、普段は実の親子のように仲が良いのに、ひとたび神憑かりになるとお互いに大声を張り上げながら激しく争ったという。開祖には

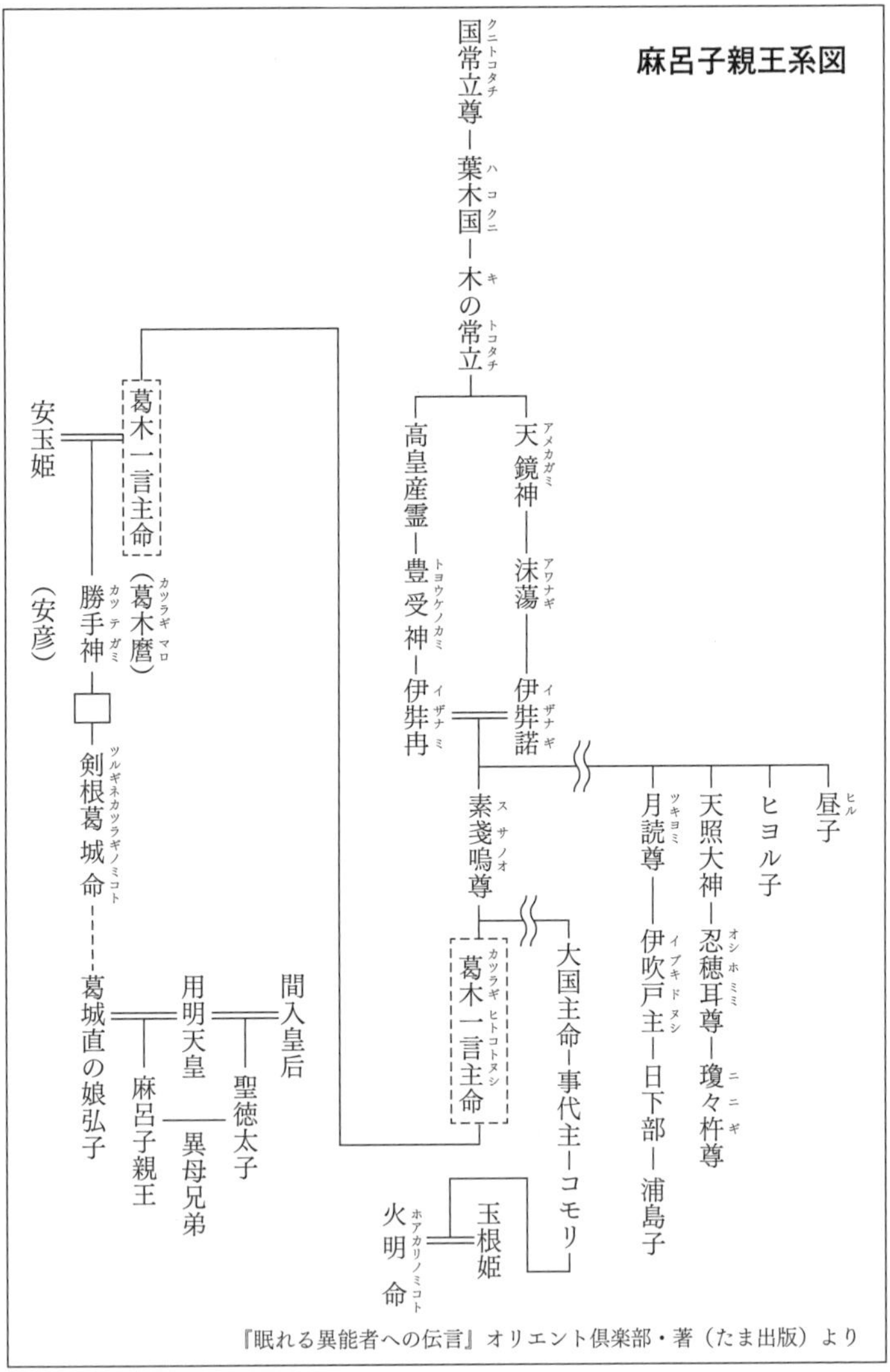
麻呂子親王系図
国常立尊《クニトコタチ》
葉木国《ハコクニ》
木の常立《キトコタチ》
高皇産霊
天鏡神《アメカガミ》
豊受神《トヨウケノカミ》
沫蕩《アワナギ》
伊弉冉《イザナミ》
伊弉諾《イザナギ》
素戔嗚尊《スサノオ》
月読尊《ツキヨミ》
天照大神
ヒヨル子
昼子《ヒル》
伊吹戸主《イブキドヌシ》
日下部
浦島子
忍穂耳尊《オシホミミ》
瓊々杵尊《ニニギ》
大国主命
事代主
コモリ
葛木一言主命《カツラギヒトコトヌシ》
玉根姫
火明命《ホアカリノミコト》
葛木一言主命
(葛木麿《カツラギマロ》)
安玉姫
(安彦)
勝手神《カツテガミ》
剣根葛城命《ツルギネカツラギノミコト》
葛城直の娘弘子
用明天皇
間入皇后
麻呂子親王
聖徳太子
異母兄弟
『眠れる異能者への伝言』オリエント倶楽部・著（たま出版）より

天照大神が憑かり、王仁三郎にはスサノオが憑かり、姉神・弟神のぶつかり合いとなるのだが、この時ナオに憑かった天照大神とは、皇祖神・天照大神ではなく、それ以前の天照大神、オリジナルの天照大神であった天照国照彦天火明命ではなかったかと思われる。

丹波王朝の祖神・ホアカリは日本国の初代天皇か？

彦坐王がクガミミ討伐に来るはるか昔、丹後・丹波・但馬地方一帯は、海人《あま》族と呼ばれる海洋系先住民族が支配していた。そして彼らの長たる存在が、天火明命《アメノホアカリノミコト》であった。

ホアカリは、記紀ではニニギノミコトと兄弟にされてしまっているが、これは体制側の史書である記紀の編纂者に無理矢理組み込まれてしまった線が濃厚である。

『但馬国司文書《たじまこくしもんじょ》』によれば、ホアカリは、出雲のオオナムチから勅を受けて高天原から丹波国加佐志楽《かさしら》国の地に降り来たり、真奈井《まない》という井戸を掘り、水田を開いて農を主体とした豊かな暮らしをもたらしたという。

ホアカリの素性については、拙著『日本建国の暗号』（ビジネス社）などにおいて詳述したので、是非そちらをご参照頂きたいが、ホアカリの正体を解くことは日本の建国史の謎を解くことにつながると言っても過言ではない。

西日本を中心として、非常に多くの神社でホアカリは祀られており、『姓氏録《しょうじろく》』などを見ても、いくつもの氏族が共通してホアカリの末裔であることを主張している。

物部《もののべ》氏の史書として名高い『先代旧事本紀《せんだいくじほんぎ》』には、三十二神の随神《ずいしん》と二十五部の物部を引き連れて高天原より大和に降臨した天孫族として「天照国照彦天火明櫛玉饒速日尊《アマテルクニテルヒコアメノホアカリクシタマニギハヤヒノミコト》」の名が挙げられており、このため、ホアカリとはニギハヤヒのフルネームの一部として解釈する向きもあるが、筆者はホアカリとニギハヤヒとはまったく別人と考えている。

おそらく、ニギハヤヒを長と仰ぐ物部氏がやって来た時、すでにホアカリを祖神とする海人族が、丹後・丹波・但馬の三丹地方から大和、伊勢方面に至るまでの広大な地域に勢力をのばしていたのだ。しかし、物部一族は、彼ら先住民族とあまり争うようなことをせず、懐柔《かいじゅう》策を取りながら新勢力として台頭していった。またホアカリと同じ海人族であるが、伊勢地方には伊勢津彦《イセツヒコ》率いる部族もいた。イセツヒコは別名「櫛玉彦《クシタマヒコ》」と呼ばれていた。彼ら勢力をも物部は吸収することに成功した。つまり、「天照国照彦天火明櫛玉饒速日尊」というのは、古代豪族のいわば連合神名として作られた名ではなかったかと思われるのだ。

それでは、海人族であるホアカリの出自は何かというと、それは海洋系渡来民族、シュメール族であったと思われる。そしてシュメール族とは、学説では「民族系統不詳」と言われているのだが、筆者は超古代において日本から分かれていった天孫族、スメル人（スメラミコト系の一族）ではなかったかと推測している。

ともかく、肝心なのはホアカリである。筆者がみるところ、事実上の初代天皇と目される人物は、ホアカリノミコトであった可能性が高いと考えている。

そして大本は、このホアカリと大変に縁が深いことがわかって来たのである。

大江町の「元伊勢」と出口ナオの「水の御用」

明治三十四年旧三月八日、出口ナオは、艮の金神に命じられるがままに、綾部より北西約十五キロのところに位置する大江町に、王仁三郎以下数名の信者と共に赴いた。

先に述べたように、この大江町は「鬼退治」で有名な場所であるが、もう一つ、ここには創建の古い神社で、古代史の謎を解く鍵を握る重要な神社の一つ、皇大《こうたい》神社がある。「元伊勢《もといせ》」と呼ばれ、伊勢の内宮《ないくう》・外宮《げくう》のように、ここにも内宮と外宮とがある。伊勢の両宮はここから遷座したとも言われるが、丹後・丹波地方には元伊勢と呼ばれる神社が実は三社ほどある。

大江町のこの元伊勢皇大神社と、宮津《みやづ》市の「天《あま》の橋立《はしだて》」北部にある元伊勢・籠《この》神社、それと京都府京丹後市峰山町の比沼麻奈為《ひぬまない》神社である。

明治期に開祖一行が赴《おもむ》いた時には、大江町の元伊勢内宮は大変にさびれていたようだ。伝えられるところによると、ナオは初めて神殿前に詣《もう》でた際、神憑かりして膝をつき、あまりのさびれようにハラハラと落涙したという。

その後、本殿から少し左に降りたところにある天の岩戸の産釜《うぶがま》・産盥《うぶだらい》の水を汲むと、綾部の神苑内の金龍海《きんりゅうかい》に流し入れた。これを大本では「水の御用」といい、極めて重要な神事であったとされている。

続いて、神命により出雲「火の御用」が行われ、出雲から徒歩で運ばれて来た灯明を神苑内にうつした。この二つの神業により、聖火と聖水が綾部の神域で融合し、「カ・ミ」の二大元力が現れて、大本は日本全国に発展していくようになる。

ところで、この元伊勢内宮はもともと、西側に聳《そび》える日室《ひむろ》ヶ嶽《たけ》を遥拝《ようはい》するために建てられたものであった。つまり、重要なのは神社そのものではなくて、神体山である日室ヶ嶽なのである。

日室ヶ嶽は、現在でも全山が禁足地であり、元伊勢側から見ると美しい三角形の荘厳なフォルムをなしている。「日本のピラミッド」として一時騒がれたこともあり、今日では「パワースポット」としてもよく知られる。

創建年代が不明なくらい歴史の古い神社の形式というものを調べてみると、そのスタイルに共通点がみられる。それは、神社自体が問題なのではなく、その背後か、隣に聳《そび》える山が、崇拝対象となっていることである。その山というのが、神が降臨、薨去《こうきよ》、もしくは昇天されたとされる聖地なのであり、そのために神体山として崇敬を集めるようになる。その山を里から遥拝するために社が造られ、やがて時が経つにつれ、山ではなく神社の方が参拝の対象となっていく。

この元伊勢皇大神宮もその一つである。ということは、日室ヶ嶽がそもそも重要なのであり、神社は、たんにこれを遥拝するための里宮《さとみや》に過ぎない。

神体山と仰がれる霊山の山頂付近には、たいてい巨石や岩で造られた、磐座《いわくら》と呼ばれる祭祀《さいし》場の名残《なごり》がある。古代の祭祀においては、岩や樹木に神霊が宿るとされた。これを神籬《ひも》岩境《ろぎいわさか》という。

この日室ヶ嶽の山頂にも、人為的に造られた岩の集まりがある。おそらくこれも古代の神籬岩境であろう。そしてそこに祀られている神の正体は、ホアカリノミコトであると言われているのだ。

ということは、大江町元伊勢内宮の真の祭神は、「天照国照彦天火明命」ということになる。それが、大和朝廷の勢力の中に組み込まれて以来、皇祖神「天照皇大神」にすり替えられてしまったのではないだろうか。

この元伊勢内宮は、今でこそ整備が進み、立派な社殿や神域になっているが、昭和五十年代に入るまでさびれたままで、神官もおらず、ほとんど参拝者もいなかった。

昭和四十五年、矢野祐太郎の妻・シンは、ある人を通じて神託《しんたく》を受け、この地に初めて参詣《さんけい》したが、神前に着くなりナオの時と同じように神憑かりとなり、膝をつき、あまりのさびれように泣き崩れたという。そして元伊勢内宮に鎮まる神に対し、当社の復興を約束して力を尽くしたが、志半ばで昭和四十七年六月に帰幽《きゆう》してしまった。

しかしその後、矢野夫妻の息女である青砥代矢子女史が遺志を継ぐこととなり、復興に並々ならぬ努力を傾けられ、昭和四十九年十二月二十八日には同志を集め、自費で、伊勢神宮にならった遷宮祭を執り行った。その結果、参拝客も徐々に増え出し、常駐の神官も

大江町にある元伊勢皇大神社の内宮（上）と神体山である日室ヶ嶽（下）

神社庁から派遣され、現在では観光バスがとまるほどの賑《にぎ》わいをみせるようになったのである。これもひとえに、青砥女史の尽力の賜物《たまもの》であると言えよう。

丹後元伊勢・籠神社に秘められた因縁

京都府宮津市の丹後一ノ宮・籠神社もまた元伊勢と呼ばれている由緒ある神社である。宮津湾には、日本三景の一つとして有名な「天の橋立」があり、美しい景観を形作っている。籠神社は、その「天の橋立」のつけ根の部分にあたる成相山《なりあい》の麓《ふもと》に位置する、旧国幣《こくへい》神社である。

丹後周辺には、古代、海人族であった海部氏《あまべ》が勢力を張った地域であり、当社が建立されたのも、この地が勢力の中心であったためらしい。

代々神主を務める海部家には、貞観十三年から元慶元年の間の作とされる「海部氏系図」及び「海部氏勘注系図《かんちゅう》」があり、ともに国宝に指定されている。その系図を見ると、始祖として、彦火明《ヒコホアカリノミコト》命の名が記されており、宮司である海部光彦氏は第八十二代を名乗っている。つまり、海部家は彦火明命直系の子孫ということになるのだ。

境外末社には、豊受大神《トヨウケオオカミ》（伊勢外宮祭神）の元津宮《もとつみや》とされる真名井《まない》神社がある。籠神社の奥宮と位置づけられる真名井神社は、古称を与謝宮《よさのみや》といい、別名を豊受大神宮《とようけだいじんぐう》という。現在でも祭神は豊受大神である。

この豊受大神は、実は謎の多い神で、国常立尊と極めて密接な関係があるのだが、その説明は後で改めて触れるとして、籠神社と大本とのかかわりについて述べてみよう。

まず、先代の第八十一代宮司である海部穀定氏と出口王仁三郎とは親交があり、王仁三郎も籠神社に何度も足を運んでいたという事実がある。

また、当社には、王仁三郎が自ら製作した鉄製の神鏡が保管されている。製作は昭和十年の弾圧以前のものと推測され、直径約9センチ。表には十六弁の菊花紋が刻印されている。そして裏面には、「世乃中乃《よのなかの》　事有《ことあ》る時ぞ　知られける　神乃まもりの　おろかならぬわ」という歌が刻まれているという。

籠神社の奥宮・冠島の老人島神社の祭神はホアカリだった

そして何よりも重要なのは、舞鶴《まいづる》湾に浮かぶ二つの小島、冠島《かんむりじま》（男島《おしま》）と沓島《くつじま》（女《め》島《しま》）が、籠神社の「海の奥宮」とされていることだ。冠島・沓島と言えば、明治三十三年七月に、出口ナオ、王仁三郎、澄ら一行が神命により詣でて、三千年の永きにわたり押し込められていた〝艮の金神〟を世に出す「男島・女島開き」の神事を執《と》り行ったことで知られている、大本の聖地でもある。

冠島には、海部氏とも縁の深い老人島《おいとじま》神社という神社があり、老人島明神が祀られている。『丹後国風土記』によれば、その正式な祭神名は「天火明神《アメノホアカリノカミ》」とあり、「海部直《あまべのあたい》らの祖神」と記されている。

この冠島というのは、ホアカリが祀られている島でもあったわけである。昔から沿岸漁民の崇敬を集め、「冠島さん」と呼ばれて親しまれていたようだ。一方、「一度は参れ、二度は参るな」と言われていたり、一木一草でも島外へ持ち出さぬことや、女人禁制の戒めが明治初期まで厳しく守られていたことなど、深く畏怖《いふ》されていたところでもあった。

王仁三郎は、『霊界物語』（第一巻三十五章）の中で、冠島の国魂《くにたま》神を海神「綿津見神《ワタツミノカミ》」とし、いわば天火明命の本源をなす神であり、至仁至愛《しじんしあい》の大神のご活動をされる神であると述べている。

ところで、この老人島神社の、「老人」という名が付された由来は何であろうか。その理由は諸説あってハッキリしたところはわからない。冠島に日本海の波濤《はとう》が砕ける様が、ちょうど老人の白髪のように見えるので、という伝承もあるようだ。

これについて王仁三郎は、高熊山修行の際、霊魂のまま冠島を訪れて、白髪の尊い老人の神に会ったことを記している。

国祖の神霊

白髪《はくはつ》の　老人にここに先に立ち　吾行《わがゆ》く道をひらきたまへる
老人は　あと振り返りふりかへり吾《あ》を手まねきて山の上《へ》にのぼる
草も木も　黄金色《こがねいろ》なすこの島は　何島《なにじま》なるかとわれ問うてみし
老人は　面《おもて》に笑《えみ》をたたへつつ　竜宮島よと答《いら》へたまへり
百千《ひやくせん》の　鳥のなく音《ね》は天人《てんにん》の　音楽のごとさえわたりけり
つつしみて　老人の御名《みな》を尋ぬれば　笑みつつ黙《もく》して答へ給はず
国治立《くにはるたち》の　神にいますかと吾《われ》問へば　黙もく笑みて諾《うなづ》きたまへる
かしこさと　嬉しさ胸にせまり来て　あつき涙の腮辺《しへん》をつたふ

大神の　清きみわざに仕《つか》へむと　ちかへば神はうなづき給ふ
（『霧の海』）

ここにある「国治立《クニハルタチ》」とは国常立尊のことである。『霊界物語』の第二巻以降、「国常立」はすべて「国治立」と記されているが、王仁三郎によれば、この神名は「神界の命により仮称したもの」（『物語』第二巻「総説」）だという。

ともかく、王仁三郎のこの神秘体験が事実とすれば、あるいは遠い昔、純朴な漁民たちの中に、白髪の老人の姿をした国祖・国常立尊の霊姿を見た人がいて、老人島と名付けたものなのかもしれない。

天火明命が実在した人物であることは疑いようもないが、その御魂は、筆者の勝手な推測によれば、国常立尊の分霊魂《ぶんれいこん》ではなかったろうか、と考えている。

大本の御神体石「ミタマ石」秘話

そしてさらに、老人島神社・ホアカリ・大本を結び付ける大変に興味深い話があるので、紹介しておこう。この話は一般の読者はもちろん、おそらく大本の幹部の方もご存じないと思われるので、文字通り〝秘話〟である。

筆者は、前出の青砥代矢子女史と親しくお話しさせて頂く機会を得た際、大本の御神体石にまつわる話を伺った。

大本には、第二次弾圧により綾部・亀岡の両聖地が徹底的な破壊を受けるまで、「ミタマ石」と呼ばれる神体石が、王仁三郎により密かに奉斎《ほうさい》されていた。この石があったために、大本は世界を凌駕《りょうが》するまでに発展したようなのであるが、この神体石は、どうも冠島の老人島神社から頂いて来たものらしいのだ。

青砥女史は、「男島か女島のどちらかの神社にあった」と語られたが、沓島（女島）の方に神社や祠《ほこら》などはなく、この神社とは老人島神社であることは間違いない。

老人島神社の前はどこにあったものかは不明だが、ともかくまず初めに、この神社内に丸い神石が祀られていた。おそらく冠島（男島）に開祖が出修《しゅっしゅう》された時に、神示により頂いて来たものと思われるが、この石が、大本のミタマ石として綾部の神苑内に祀られることになった。

そして、第一次弾圧事件後、亀岡に天恩郷が完成した時に、王仁三郎は、綾部はもう陰の御役だというので、密かに、ミタマ石を亀岡に移すことになった。この時、どういう理由かはわからないが、王仁三郎は矢野シンを呼び出した。

シンは、夜中の十二時に、一人で来るように王仁三郎より密命を受けた。また王仁三郎のお伴として随行した者も一人か二人であったということで、他には誰も知らされず、秘《ひ》密裡《みつり》に行われたようである。

そして、深夜に舟で金龍海に渡った一行は、神事を行った後、その石を持って降りてきた。その時に、シンは鈴の鳴る音を霊聴したという。そのことを聖師に話すと、聖師もその音を聞いたのかはわからないが、「おかげをもろうたな」とニッコリ笑ったそうである。

王仁三郎とシン、及び随伴者一、二名の一行は、こうして真夜中に亀岡に赴き、そのままミタマ石を天恩郷の月宮殿《げっきゅうでん》へ納めるという神事を行ったのである。

それから第二次弾圧まで、このミタマ石は、亀岡・天恩郷に鎮座していた。

月宮殿は、王仁三郎自らの設計によるもので、大理石などの石材や鉄筋コンクリートを使用した頑丈な建造物であったが、第二次弾圧の時、官憲はこの月宮殿の破壊のみのために一五〇〇発あまりのダイナマイトを使い、三週間もかけてようやく破壊し尽くした。

この破壊作業が行われている時、一人の刑事が現場でその作業に立ち会っていた。すると、破壊が進む月宮殿から、何やら丸い石が転がり落ちてきた。刑事は、この石に何かを感じ取ったのか、これをポケットに入れ、帰宅した。しかし、拾って帰ってから気味が悪くなり、どう処分していいものか困っていた。

青砥女史によれば、この刑事は、奈良の天理の川（布留川？）の近くにあるお宮の、女性霊能者が教主をつとめるある〝拝み屋宗教〟の信者だった（天理教ではない）という。この刑事は、大本で拾ったこの石の処置について女性教主に相談すると、引き取ってくれるということなので、ホッと胸を撫《な》で下ろした。

ところで、矢野祐太郎の秘書で、坂田という人が、田舎から出て苦学しながら矢野の秘書をしていたのだが、この坂田氏の妻が、たまたまこの〝拝み屋宗教〟の信者であった。そうした経緯で、坂田夫妻の耳に、月宮殿から出たこの石の話が入ることになる。

後年、坂田夫妻を通じて天理にどうも大本のミタマ石があるらしいことを知った矢野シンは、何とかこの石を大本に返さなければと思い、奔走《ほんそう》した。そして、当時のお金で三万円ほどを工面して、女性教主に会いに行き、交渉の末、何とか取り戻すことに成功したのであった。

その石は、直径十センチほどの茶色の黒ずんだ石で、よく見ると、筆らしきもので御神名が書かれてある。矢野祐太郎の筆か、王仁三郎の筆かは、判然としないが、ともかく二十柱の神名は読み取れた。

シンは大本の西宮支部長らを六甲山の自宅に呼び、一同でこの石を鑑定したところ、これは間違いなく大本の神体石であろうということになった。

それではこの石を大本に御返納しようと、シンは、ミタマ石を持って亀岡の大本本部を訪れ、三代の出口直日《なおひ》と面会した。ところが直日は、

「こんな汚れたものは、わしはいらん」

と、ケンもホロロに突き返してしまった。

シンは憤慨《ふんがい》してミタマ石を再び六甲に持ち帰り、自宅で奉斎することにした。

もし御神体であるこのミタマ石あっての大本だとすれば、第二次弾圧後、ミタマ石を失った大本は、御魂が抜けていることになるのである。

この石が本当に大本の御神体石ならば、真の大本とは、このミタマ石があるところということになる。ということは、シンが自宅にこの石を奉斎してからは、六甲の矢野家がいわば真の大本であったわけである。

矢野シン宅にこのミタマ石があった頃、どこでこの話を聞きつけたのか、何人かの宗教

団体の教主が、この石を狙い、手に入れるべくやって来たという。

世界真光文明教団の教祖・岡田光玉《こうたま》も、二回、車で乗り付けて、譲ってくれないかとシンに頼みに来たという。しかし、いくら頼まれてもシンは、絶対に首を縦には振らなかった。

シンの昇天後、この石は後継者の青砥女史が預かることになったが、それからある人の手に渡ってしまい、今は六甲の旧矢野家にもないということである。

以上が大本のミタマ石にまつわる秘話であるが、重要なことは、大本は初期の頃より、老人島神社の神石を御神体として祀っていたということである。老人島神社の神石ということはつまり、天火明命の御魂《みたま》石ということになる。

綾部、そして亀岡という、経綸の中心地に鎮座していたのは、実にホアカリノミコトだったわけである。

数奇な運命をたどる大本の神体石「ミタマ石」

高皇産靈《タカミムスビ》神
國常立《クニトコタチ》神
豊雲野《トヨクモヌ》神
神皇産靈《カミムスビ》神

宇比地邇《ウヒヂニ》神
須比地邇《スヒヂニ》神
意富斗能地《オホトノヂ》神
意富斗能賣《オホトノメ》神
面足《オモタル》神
阿夜訶志古泥《アヤカシコネ》神
活杙《イクグヒ》神
角杙《ツヌグヒ》神

金山毘女《カナヤマビメ》神
波邇安比賣《ハニヤスビメ》神
天之御柱《アメノミハシラ》神
伊邪那岐《イザナギ》神
伊邪那美《イザナミ》神
国之御柱《クニノミハシラ》神
彌都波能賣《ミヅハノメ》神
久々能知《クグノチ》神

「ミタマ石」に記されていた20柱の神名（ルビは筆者）

豊受大神と丹後の古伝承

次に、もう一つの元伊勢である比沼麻奈為《ひぬまない》神社について述べておこう。

ホアカリは、丹後・丹波・但馬の三丹地方から、おそらくは大和、伊勢に至る広大な地域を治めた海人族の王で、祖神として仰がれた。

また、外宮祭神である豊受大神も、もともと丹波国において祀られていたが、天照大神の食事を司る御饌津《ミケツ》神として伊勢に遷されたという。

官選の史書である『古事記』『日本書紀』には、この豊受大神の鎮座次第はまったく出て来ない。だいたい豊受大神自身の記述でさえ、わずかに『古事記』の天孫降臨の条に、「……次に登由宇気《トユウケ》神、こは外宮《とつみや》の度相《わたらい》に坐《いま》す神ぞ」とみえるくらいである。

しかし、丹後・丹波地方には豊受大神の伝承地が多く存在する。

外宮で代々神官を務めた度会《わたらい》家から興った伊勢神道（外宮神道、度会神道）の思想的典《てん》拠《きょ》とされた「神道五部書」のひとつで、延暦二十三年（八〇四）成立の『止由気太神宮儀《とゆけだいじんぐうぎ》式帳《しきちょう》』や、大同元年（八〇六）成立の『太神宮本記《だいじんぐうほんき》』（『大同本記』）などの文献にも、豊受大神は丹波の地から伊勢に遷されたと記されており、この伝承を信憑性の高いものとして受けとめる歴史研究者も多い。

なお、『続日本紀《しょくにほんぎ》』によれば、和銅六年（七一三）四月三日、丹波国の五郡（加佐《かさ》・与佐《よさ》・丹波・竹野《たけの》・熊野）を割いて初めて丹後国を設けたとあるから、それ以前は現在の丹後地方一帯もみな丹波と呼ばれていた。

丹後・丹波地方では、豊受大神ゆかりの伝承と共に、元外宮と称されている神社もいくつかある。大江町の元伊勢内宮近くにある外宮も、祭神は豊受大神で、元伊勢外宮と呼ばれているし、籠神社奥宮の真名井神社も、豊受大神の元津宮と位置づけられている。京都府京丹後市にある比沼麻奈為神社も、元外宮として古来から崇敬を集めている神社であるが、ここでまず、『丹後国風土記逸文《たんごのくにふどきいつぶん》』に出てくる豊受大神にまつわる伝説を紹介しておく必要がある。

それは、有名な「羽衣伝説《はごろも》」の話なのだが、この「羽衣伝説」の主人公である天女が豊受大神と同一であるらしいことまでは、あまり知られていない。

要約して紹介しておこう。

昔、丹後国の丹波《たにわ》の郡にある比治《ひじ》の里の、比治山の頂上に、真奈井という井があった。この真奈井で、八人の天女が水浴びをしていた。その様子をこっそりと見ていた老夫《おさな》と老婦《おみな》が、羽衣の一つを隠したので、一人の天女が天に帰ることができず、地上にとり残されてしまった。この天女は老夫婦の望みに従って、子供のない彼らの養女となり、十余年にわたって共に生活した。この天女は万病に効く酒をつくることが上手く、多くの人々がこの一杯の酒を求めて集まるようになり、老夫婦はそのおかげで財を得ることが出来た。ところがある日、この老夫婦は、「汝《いまし》は吾が児にあらず」と言って天女を追い出してしまった。失意のうちに天女は、竹野郡船木の里の奈具《なぐ》の村に到り、ここに留まり住んだ。この天女こそ、奈具の社に坐す「豊宇賀能売命《トヨウカノメノミコト》」である――。

ここに出てくる「豊宇賀能売命」という名からは、豊受大神の神名と共に「宇迦《ウガノ》御魂《ミタマノ》神《カミ》」の名が連想される。「宇迦御魂」は「倉稲魂命《クライネタマノミコト》」とも呼ばれ、後に稲荷《イナリ》大明神として庶民に親しまれる神である。いずれにしても、食や稲、穀霊と関係のある神名であることは間違いない（倉稲魂の〝倉〟は〝食〟の誤記ではないかという指摘もある）。

この伝承で、八人の天女が水浴びをしていたという「比沼」の「真奈井」とはどこのことか。「比治」は「比沼」と記されることもあり、どちらが正しいかをめぐっては今日でも論議されているが、丹後・丹波地方に「比治（比沼）の真奈井」の伝承がある。

こうした話を事前知識に入れて頂くと、比沼麻奈為神社の名の由来や、元外宮と呼ばれる理由も、おわかり頂けることと思う。

京丹後市峰山町にある久次岳《ひさつぎだけ》は、別名を真名井《まない》岳ともいい、豊受大神が稲作りなどの農業をこの山麓で始めたという伝承を持つ。その東麓に、比沼麻奈為神社は位置している。主祭神は言うまでもなく、豊受大神である。

加えれば、大江町の元伊勢外宮の由来によれば、当社鎮座の丘陵部を比沼の真奈井ヶ原と称するとあり、先に述べた籠神社奥宮の真名井神社の「真名井」も、「比治（比沼）の真奈井」に由来している。なお、京都府京丹後市弥栄《やさか》町船木には、「豊宇賀能売」が移り住んだ「奈具の社」の地であるとする伝承があり、奈具神社が建立されている。

そのように、元外宮と言われる伝承を持つ比沼麻奈為神社であるが、当社には出口王仁三郎が、実弟の上田幸吉《こうきち》を、大正三年から三十年間にわたり、宮司として奉仕させていたという興味深い事実がある。

どうやら王仁三郎は、豊受大神にも、経綸上の重大な関心を寄せていたようである。

王仁三郎は豊受大神を、伊都能売神と説いていた

大正十年の弾圧後、廃刊となった『神霊界』を改題して復刊した大本の教団機関誌『神の国』の大正十五年十月号に、出口王仁三郎が、「伊都能売《いづのめ》」という論文を発表している。

その中の、二章の五音五観のところで、豊受大神を次のように図示している。

豊受大神｛豊＝国常立命＝天神の祖
　　　　　受＝天照大神＝地神の祖

この図の解釈については書かれていないが、一見すると、これでは天神と地神が逆になってしまっているようである。しかもこれでは、豊受大神は天神と地神の両方の神格を合わせもつ神ということになる。

ところが、籠神社所蔵の『籠大明神縁起秘伝《このだいみょうじんえんぎひでん》』（原漢文）には、

「夫れ当社籠大明神は、即ち豊受大神《彦火明尊》なり。……人皇十代崇神天皇の御宇《ぎょう》、天照大神与謝宮に幸《いでま》す。与謝宮は則《すなわ》ち是《これ》籠大明神なり。其の時与謝宮を豊受大神宮と號《なづ》く。豊とは則ち、

国常立尊、受とは則ち天照大神なりと。両宮の神其《そ》の中に在り。然《しか》りと雖《いえど》も伊勢国に於ては、之《これ》を分《わか》ちて内宮と外宮の両大神宮と為す。丹後国に於ては一社にて、両宮の御鎮座なり。（中略）人皇二十一代（雄略天皇）に到りて、与謝宮を山田原に奉遷《ほうせん》すべき勅《ちょく》あり。内宮は天照大神にして、地神第一の神なり。外宮は国常立尊にして、天神第一の神なり」（傍点筆者）

と記されている。

王仁三郎の言うとおり、天照大神が地神の第一、国常立尊が天神の第一となっており、二柱の神を総称したものが豊受大神ということになるのである。しかも、右の記述からも明らかなように、籠神社の伝承では、彦火明尊《ヒコホアカリノミコト》は豊受大神の別名とされている。

王仁三郎がこれを「伊都能売」と題した論文の中で発表したのは、豊受大神をすなわち伊都能売神《イヅノメノカミ》と同義なりと解釈していたからではないのか。伊都能売とは、厳霊《げんれい》と瑞霊《ずいれい》を合わせた「みろく大神」の神格である。

大本では、「厳《いづ》の御魂」を持つ変性男子（出口ナオ）と「瑞《みづ》の御魂」を持つ変性女子（王仁三郎）の両系統の身魂により、経緯《たてよこ》あやなす仕組みが展開して「錦の御旗」が織り上げられ、「みろくの世」になると説かれる。

その意味では、豊受大神＝伊都能売説は重要である。豊受大神が伊都能売神だということになれば、豊受大神こそこの世の救世主神ということになるからである。

豊受大神と国常立尊とは同神異名か

ただし、それはあくまで王仁三郎説による（と考えられる）もので、神道史上から見た豊受大神論をもう少し進めてみよう。

実は古来より江戸時代の頃まで、豊受大神を国常立尊と同一視する説は、有力な神道諸派において力説されていたことで、必ずしも荒唐無稽な話ではないのだ。

度会氏系図《わたらいうじ》によれば、豊受大神を丹波国から伊勢国に遷し奉ったのは、度会氏の祖先にあたる大佐々命《オオササノミコト》で、雄略《ゆうりゃく》天皇二十一年（四七九）のことであったとしている。これは、先の籠神社の古伝承とも一致する。

仏教の興隆が著しく、神道界も大きくその影響を受けていた中世（平安・鎌倉）の時代、仏本神従の立場を取る神道流派が多く出てきたなかで、外宮禰宜職《げくうねぎしょく》にあった度会氏は、神道思想をもとに、仏教、陰陽道、道教、もしくは儒教などとの習合的要素を含めた教義を整え、伊勢神道として確立し、仏教や本地垂迹《ほんじすいじゃく》説に基づく神道流派（両部《りょうぶ》神道、山王一実《さんのういちじつ》神道など）の勢力に対する巻き返しをはかった。この時度会氏がその思想的典拠として編纂し、発表したのがいわゆる「神道五部書」である。

伊勢神道の教義で注目されるのは、何と言っても外宮の主祭神である豊受大神を、たんに天照大神の御饌津神《みけつかみ》としてとらえたのではなく、国常立尊もしくは天之御中主命《アメノミナカヌシノカミ》と同義とみたところにある。

ご存じのように、国常立尊は『日本書紀』劈頭《へきとう》に記される神名であり、天之御中主命は『古事記』において第一番目に現れる神名である。つまり、正史である「記紀」のどちらにも登場する根源神・最高神を、豊受大神と同神異名であると位置づけたところに、伊勢神道の一貫した思想的特徴があった。

また度会氏は、豊受大神を「止由気皇大神《トユケコウタイジン》」とも表記し、またの名として「大元神《タイゲンシン》」とも称した。「大元神」とは読んで字の如く、オオモトの神、宇宙の初発の始源神という意味である。

伊勢神道は、鎌倉末期の頃より、度会行忠《ゆきただ》・常昌《つねよし》・家行《いえゆき》といった有力人士が現れたことで、一層の組織的大成をみるようになる。

やがて南北朝時代に入るが、伊勢神道は南朝方の重鎮・北畠親房《きたばたけちかふさ》に思想的な影響を与えている。その代表的著作と言えば、南朝方のバイブル的存在となった『神皇正統記《じんのうしょうとうき》』である。南朝方につく武将たちはこれを読んで大いに士気を高めたと言われる。「大日本は神国なり」とする親房の神国思想において、やはり国常立尊が根源的な神として挙げられている。

国常立尊を最高神として奉じた神道家たち

足利尊氏率いる北朝が勝利を収めると、南朝との結びつきを強めていた伊勢神道も一時衰退した。

しかし室町時代に入ると、度会氏の神道思想を受け継いだ神道家が現れる。吉田神道を創唱した吉田兼倶《かねとも》である。

吉田神道は別名を「唯一神道」「卜部《うらべ》神道」「元本宗源《がんぽんそうげん》神道」ともいい、本地垂迹説をとる各神道流派に対して、天児屋根命《アメノコヤネノミコト》から変わらずわが国に継承される神祇信仰こそ唯一の道であると唱え、日本精神的な自覚のある教義を打ち出した。

その教義において説かれる宇宙の根源神は「大元尊神《ダイゲンソンシン》」と称され、国常立尊、天之御中主命と同一とみなされた。この「大元尊神」は、吉田神社の南方に位置する「日本最上《にほんさいじょう》神祇斎場《じんぎさいじょう》」の中央にある、八角形の「大元宮《だいげんきゅう》」に祀られた。さらにその斎場の周囲に、伊勢の内宮・外宮をはじめ、八百万《やおよろず》の天神地祇《てんじんちぎ》の社殿を設け、この地を日本神道のいわば総本山としたのであった。

吉田兼倶は、神道史上稀にみる知略家であったといわれるが、その政治的手腕も天才的なものがあり、日野富子《ひのとみこ》らの庇護《ひご》を得て自説を拡大、明応四年（一四九五）には神祇伯《じんぎはく》（神祇官の長）である白川家に対抗して「神祇官領長上《じんぎかんれいちょうじょう》」と称し、室町幕府の承認を得ることに成功、神職としては最高の権威にまで昇りつめた。

以後明治維新に至るまで、吉田家は幕府の後ろ楯《だて》のもとに、全国各地の神官の任命や神社への神号神位のとりしきりなどを行っていく。

江戸時代に入ると、吉田神道の継承者である萩原兼従《はぎわらかねより》の弟子となった吉川惟足《よしかわこれたる》が、吉田神道の思想をベースに、儒教と武士道を加味した吉川神道を完成させる。惟足の説く天地万物の根源神も、国常立尊であった。

この吉川神道には、紀伊の徳川頼宣《よりのぶ》、会津の保科正之《ほしなまさゆき》ら、諸大名のなかに共鳴者が多く現れ、武士層にも広く浸透した。徳川光圀《みつくに》の父・頼房《よりふさ》は、萩原兼従より神道を学び、光圀自身は吉川惟足から国学を学んでいる。水戸藩の神儒一致思想は、有名な『大日本史』の編纂とともに「水戸学」として大成するに至り、やがてその皇国思想は幕末の尊皇攘夷派の志士たちに強い影響を及ぼすようになる。

一方、南北朝より一度は衰退していた伊勢神道は、度会延佳《のぶよし》の登場により儒学思想が導入され、神儒一致にもとづく神道として刷新がはかられると、再び興隆を見せ始めた。

この度会延佳のもとで学んだ神道家に、山崎闇斎《あんさい》がいる。

闇斎は、もとは朱子学者であったが、惟足の門人の服部安休《はっとりあんきゅう》と論議の際、「国常立尊でなければ天地の理は備わらない」と指摘されたことで神道に開眼、伊勢に赴いて延佳に弟子入りし、次いで吉川神道の門を叩き、惟足に師事してその奥義を得、他の神道諸派や朱子学・易学・陰陽道などの要素を加えて、垂加《すいか》神道を創唱した。

そしてこの垂加神道においても、宇宙の根源神として、国常立尊が掲げられている。

垂加神道の教義は、主従関係や師弟関係の固い結びつきを重要視するもので、徹底した排仏・道徳主義が唱えられた。とりわけ天皇と皇室の護持が強調され、武士から平民まで幅広い層からの支持を集め、次第に勢力を拡大し、一時は他の神道を制するほどまでになった。その一種激烈な天皇中心思想からは、数多くの尊皇論者を生み出すこととなり、維新の倒幕運動、王政復古へとつながっていく。

このように、豊受大神を国常立尊と同神異名であると位置づけた中世の伊勢神道から始まって、南北朝、江戸時代を経て明治維新に至る時代の流れのなかで、主たる神道家たちの思想的根幹に据えられてきたのが国常立尊であったことがわかる。その神道思想は、時代を推進したり、変革する力となって現れている。まさに国常立尊とは、大本が出現する以前より、日本精神の発揚を求める人士たちにとって、行動のエネルギーの源泉となった神であったのである。

『富士文献』にみる国常立尊と丹波との関係

古代の丹波・丹後地方には、ホアカリ、豊受大神といった神々が王朝を築いていたようである。ホアカリと豊受大神は同一神である可能性があり、また豊受大神は国常立尊とも関係が深いらしいこともわかってきた。

こうした史実は、「記紀」などの正史だけを見ていたのではけっしてわからない。

かつての大本の元老・藤原勇造氏の談によると、昭和七、八年頃、王仁三郎は伊勢参拝の折、外宮の前で大勢の昭和青年会員を前にして、

「外宮の祭神を豊受大神と言っておられるが、実は国祖の神様（国常立尊）をお祀りしているので、名前が違っても同じ神様である」

と述べたということである。

三浦一郎氏は、この話を聞いて、自ら当時の教団関係の機関誌を調べてみたところ、伊勢参宮の数日前、「みろく殿」で行われた講話の筆記録として同様のことが掲載されているのを確かめたことがあるという。

王仁三郎は確実に、豊受大神を国常立尊と同神異名と見ていたのだ。

丹後を含む丹波地方に王朝が実在したらしいことは、一九九四年三月、京丹後市弥栄町から峰山町にまたがる大田南古墳群五号墳から、「青龍三年」の銘文が入った青銅鏡が出土したことからも推測される。「青龍三年」は、邪馬台国の女王・卑弥呼《ひみこ》が魏《ぎ》に使者を送った西暦二三九年の四年前にあたる。これは魏から卑弥呼に下賜《かし》されたと伝えられる「銅鏡百枚」のうちの一つではないかと、大きく報道されたのである。

丹波王朝の存在は、正史ではわからないが、アカデミズムからは偽書のレッテルを貼ら

れ、正規の研究対象からは退けられている、いわゆる「古史古伝」に目を向けると、その謎を解く手掛かりとなる重要な記述がみられる。

古史古伝の中でも、丹波王朝とのかかわりでとくに注目されるのが、『富士文献』である。『富士文献』は、『宮下文書《みやしたもんじょ》』とも呼ばれ、今から約六千数百年前に富士山麓に開かれたと言われる富士王朝の存在を中心に、天地開闢《かいびゃく》の神代からの歴史を綴った異端の史書として知られる。

この『富士文献』でも、超古代の日本において即位した最初の王（初代神皇）は、国常立尊であったと記されている。

同書によれば、国常立尊は、富士高天原の主権を弟の国狭槌尊《クニサヅチノミコト》に譲り、兄弟二神で日本列島を二分する形で治めることにした。その後、国常立尊は、「田場国真伊原《たにわまないはら》」に都を築くことにし、一族眷属《けんぞく》を従えてこの地に「桑田宮《くわたみや》」と呼ばれる天《あめ》の御舎《みあらか》を立て、遷り住んだという。つまり、丹波には国常立尊の神都があったというのである。

ここで言う「田場」というのは、丹波の古地名であろう。古記録には、丹波は「田庭」とも記されている。古来からこの地は豊受大神の鎮座地とされ、伊勢外宮の神領地となってからは神に捧げるための神饌田が作られたり、大嘗祭《だいじょうさい》の「主基田《すきでん》」として定められるなど、丹波の地名の由来が「田場」から来ていることは十分考えられる。

また国常立尊は、諱《いみな》を「農立比古神《ノウタツヒコノカミ》」といったとある。農業で国を立て、安らけく平らけく治しめんとした神であったことが、この諱からも窺われる。そうなると、豊受大神との共通性も出てくる。

さらに同書は、国常立尊が桑田宮で神去った後、同国の田羽山《たにわ》の陵に葬られたと伝える。その後、イザナギ・イザナミの二尊は、田羽山の麓に祠を建てて、国常立尊御夫婦の神霊を祀らせ給うたが、これを豊受大神と称するようになったと記している。つまり、『富士文献』でも国常立尊は豊受大神と同神異名なのである。

丹波一ノ宮・出雲太神宮は国常立尊を祀る?

国常立尊の天の御舎となった「桑田宮」とは、丹波のどこにあったのか。

これについては、大本と面白い因縁がある。

現在大本本部「天恩郷」のある京都府亀岡市周辺は、昔は丹波国桑田郡と称されていた。

現に、千三百年前から鎮座する式内社「桑田神社」が存在している。

そして最も重要なのは、JR亀岡駅から約六キロほどのところにある丹波国一ノ宮・出雲太神宮にまつわる古伝承である。

ここの祭神は、現在は大国主命《オオクニヌシノミコト》と后神《きさき》の三穂津姫命《ミホツヒメノミコト》の二神とされている。しかしこれだけでは何故当社が出雲太神宮と称されたのかはハッキリしない。

ところが、『富士文献』の「国常立尊来歴記」には、イザナギ・イザナミの二尊が国常立尊の神霊を神都であった田羽の真伊原に祀り、豊受大神と崇めさせ給うた後、天照大御神は、祖佐男命《スサノオノミコト》の一女・出雲毘女尊《イヅモビメノミコト》（三穂都毘女命）をして豊受大神の宮を守護せしむ等と記されている。

また当社の縁起書によれば、本来は、本殿の背後に聳える円錐形の山、御影山《みかげやま》そのものが、神体山として太古から崇められていたという。何故太古よりこの山が崇敬を集めたかというと、それはこの陵に国常立尊が葬られたことによるものらしい。

国常立尊は、田場の真伊原に神都を設け、桑田宮、すなわち出雲の宮を築き、日本の半分を農業を主体として理想的に統治した。そして崩御すると現在の御影山に葬られ、麓に祠が建立され、出雲毘女尊らによって守護された。この出雲毘女も薨《こう》じて後は御影山に葬られ、三穂津毘女と贈名《おくりな》されて同社に祀られた。こうして、出雲太神宮と呼ばれるようになったというのである。おそらく、主祭神の大国主命は、ずっと後年になって体制側により祭神と定められたものであろう。

もしこの伝承が真実であるとすると、御影山は国常立尊が葬られた御神体山であり、出雲太神宮とはもともと、豊受大神こと国常立尊を祀るために建立された神社であることになる。

桑田宮が存在したという亀岡の地に王仁三郎が生を享《う》け、大本を開いたことは、不思議な因縁を感じざるを得ない。なお、出雲太神宮には、若かりし頃の出口王仁三郎がしばしば夜中にお参りし、帰神したと伝えられている。

綾部の本宮山が豊受大神の最初の鎮座地だった？

王仁三郎は、さらに興味深い見解を示している。

それは、太古において最初に豊受大神が祀られた、本家本元の「比治真奈井神社」は、綾部の本宮山にあったというものである。

王仁三郎は、その著『三鏡』中でこのことについて触れ、

「綾部の本宮山はもと本居山と書き、ホンゴ山と称えられていた。そして豊受大神さまをお祭り申し上げていたのであるが、それが後世、比沼の真奈井にお移りになったのである」

と書いているし、また『王仁全集』では、

「比沼真奈井神社の所在地は、太古は綾部の本宮山であった。そして天真奈井川原《あめのまないがわら》というのは、現今の和知川原のことである。丹波国丹波郡丹波村は、現今の綾部の聖地である。中世、丹波国中郡久次の真奈為ヶ嶽の麓に神社の旧蹟を移遷したという伝説が古来行われておったのである」

と述べている。

そうなると現在の、京丹後市峰山町の比沼麻奈為神社は、もともとは本宮山に祀られていた豊受大神が、この地に遷されて建立されたものということになる。

また、とりわけ驚かされるのは、次の記述である。

「太古、同社（比沼真奈井神社）の神職は、綾部の出口家が奉仕していた。……雄略天皇の時に、丹波の比沼の真名井から外宮が伊勢に遷られる時に、出口家の分家がお伴をして行かれ、爾来《じらい》、代々外宮の神主として奉仕していた」

これはつまり、古来より外宮禰宜職として代々仕えて来た名門・度会家は、出口家の分家であるとの主張である。

事実、度会家は一般には「出口」の姓でも知られる。王仁三郎はこのため、同姓のよしみで度会延佳の子孫を大本幹部に迎え入れようとしたことがあるという。

出口家の本家の流れを継いだ出口ナオに、外宮の祭神である豊受大神こと国常立尊が憑かり、三千世界の立替え・立直しを宣言したというのも、こうした因縁の面から言っても、極めて必然的なものであったと言えるだろう。

『霊界物語』特別篇「天祥地瑞」と『富士文献』の符合

王仁三郎がいかに『富士文献』を重要視していたかということは、『霊界物語』「天祥《てんしょう》地瑞《ちずい》」第七十三巻の「総説」に、「天祥地瑞は富士文庫（富士文献）の言霊的解釈である」と書いていることからも明らかである。

ところで、この「天祥地瑞」の口述にあたり王仁三郎は、それまでの『物語』の口述とはまったく違い、口述開始までに斎戒沐浴《さいかいもくよく》をし、羽織《はおり》袴《はかま》を身に付け、終始静座の姿勢で口述を行うという、非常に厳粛な態度で臨んだと言われる。

『物語』最後の部分（第七十三巻～第八十二巻）を占める「天祥地瑞」の口述は、昭和八年より亀岡において行われた。王仁三郎が『物語』にそそいだ努力と真剣さは大変なものであったが、この「天祥地瑞」に関しては特別であった。

「『天祥地瑞』を読むときは、手を洗い、口を浄めて柏手《かしわで》をし、正座して行うこと」

と、信者たちにも厳しく言い渡していたと伝えられるほどである。

「天祥地瑞」子之巻（第七十三巻）の五頁において、王仁三郎は、

「いよいよ本巻よりは、我が古事記に現れたる天之御中主神《アメノミナカヌシノカミ》より以前の天界の有様《ありさま》を略述し、もって皇御国の尊厳無比なるを知らしめむとするものなり」

と書き記している。

我が国最古の書である『古事記』の冒頭に出てくる始源的な神、天之御中主よりもさらに遡るという作業は、正史に拠《よ》るだけでは不可能である。では何をもととして「天界の有様」を解説しようとしたのか。これについては、同書六頁に、

「本書は富士文庫に明記されたる天の世を初めとし、天之御中之世《あめのみなかのよ》、地神五代の世より今日に至る万世一系の国体と皇室の神より出でまして尊厳無比なる理由を闡明《せんめい》せんとするも

のにして、先づ天の世より言霊学の応用により著せるものなれば、決して根拠なき架空の説にあらざるを知るべし」

という言葉が述べられ、続いて「天之《アメノ》峯《ミネ》火《ヒ》夫神《オノカミ》」から「天之《アメノ》御柱《ミハシラ》比《ヒ》古神《コノカミ》」までの『富士文献』に伝えられる「天ノ世」第一代から第七代の神名が列挙され、

「以上七柱の天神七代を天の世と称し、天之御中主神より以下七代を天之御中之世と称《たた》え奉《まつ》るなり」

と記されている。

そして「天祥地瑞」第一巻（『物語』第七十三巻）は「天之峯火夫神」、同第三章は「天《アメ》之高《ノタカ》火《ヒ》夫神《オノカミ》」という具合に物語が展開していく。

まさに、「天祥地瑞」全八巻の内容は、『富士文献』の言霊的解釈と言えるものとなっている。

大本の元幹部で、出口王仁三郎の側近であった泉田瑞顕《ずいけん》氏は、広島に原爆が投下された直後の昭和二十年八月十日、王仁三郎から、

「火の雨が降るというのはこの程度のことではない。今は序の口で、本舞台はこれからじゃ」

という話を聞かされたとのことであるが、この時に、

「『霊界物語』は大神劇の脚本じゃが、芝居はもうすんだ」

と謎のようにつぶやいたという。そこで同氏が、

「それでは今後聖師様（王仁三郎）がおやりになることは、もうどこにも書いてないのですか、それともどこかに書いてありますか」

と尋ねると、

「書いてある。これからわしのやることは、『天祥地瑞』に書いてあるから、しっかり読んでおけ」

と話したというのである。

それから約二年半後の昭和二十三年一月、王仁三郎は天恩郷の瑞祥館《ずいしょうかん》の一室で息を引き取った。しかし、王仁三郎の昇天で経綸が終わったわけではない。

王仁三郎は肉体を脱ぎ捨てて、物質的な制約から解放され、「瑞の御魂《みづのみたま》」としての本来の聖霊となり、さらに地上経綸を推《お》し進めるため活動を開始したとも言われる。

泉田氏の言葉をもってすれば、「天祥地瑞」の内容とは、「みろく胎蔵《たいぞう》教《きょう》の秘奥《ひおう》、すなわち神聖皇道の真髄である言霊活用の秘儀を開陳《かいちん》した極典」であり、その中心は、「太元《オオモト》

顕津男《アキツヲ》の神の国生み、神生み神業であって、言霊の活用による新つの国造り、すなわち地上神国建設の設計図である」ということになる。

どうやら「天祥地瑞」の内容は、いわゆる「一厘の仕組み」と関係が深いらしい。

世の中が九分九厘まで行き詰まったところで、正神より一厘の仕組みの発動があり、世界が一気に引っ繰り返って「みろくの世」が顕現するということは、開祖の筆先にも初期の頃から多く出されている。

「一日も早く天人界に入り、瑞の御魂の力見せたし」

という句を遺し、王仁三郎は昇天した。

はたして彼は、雛型神劇を完遂《かんすい》して地上界での使命を終え、その後一厘の仕組みを演出するために、肉体を離れて「瑞霊《ずいれい》」となったのだろうか。

実は、王仁三郎昇天後の経綸は、大本という教団組織の外部において密かに進展していたようである。

次章では、この「一厘の仕組み」の謎と北伊勢神業について、述べてみたい。

第四章

「一厘の仕組み」の謎と北伊勢神業

瑞霊・出口王仁三郎は〝救い主〟か

昭和二十三年一月十九日、出口王仁三郎は静かにこの世を去った。

しかし、それで神の経綸が終了したわけではないし、中断したわけでもない。

王仁三郎は、五十年間の雛型神業を完遂し、肉体を脱ぎ捨てて物質的な制約から解き放たれ、霊魂と姿となって、神界において救世の大神業を開始したと言われる。

実際、王仁三郎の周辺には、彼が晩年、病に伏すようになった頃より不思議な霊的現象が相次いで起こっている。

また、王仁三郎より密命を帯び、大本の幹部たちにも知られぬ形で神業を行っていた人たちもいる。

王仁三郎は、この世を救うのは「瑞の御魂」であると説いていた。「瑞の御魂」の神霊とは、『霊界物語』によれば、「神素盞嗚尊《カムスサノオノミコト》」ということになる。

『物語』の中で王仁三郎は、地上神国を顕現する大神業を完成させる主人公は、救世主神・神素盞嗚尊であると述べている。つまり、『物語』第十五巻から第七十三巻に至るまでの内容は、神素盞鳴大神が、諸々の眷属《けんぞく》神たちを使って世界を舞台とし、救世の経綸を展開する、という話になっている。

そしてその瑞霊神・神素盞鳴尊の御魂を持ってこの世に現れたのが、自分であるというのである。

たとえば、『道の栞《しおり》』の中で、王仁三郎は、

「救世主なるものは釈迦にもあらず基督《キリスト》にもあらず、誠の救世主は瑞の霊、素盞鳴尊なり、真如（王仁三郎の号）の御魂は瑞の霊なり、身体は神の宮、それで命という。これがこの世の生き神、救い主である」

と書いている。

また、『物語』第六十七巻の中では、

「瑞霊（王仁三郎）世を去りて後、聖道しばらく滅せば、蒼生諂偽《そうせいてんぎ》にして復《また》衆悪《しゅうあく》をなし、五痛五焼還りて前の法の如く久しきを経て、後転激烈なる可《べ》し。悉《ことごと》く説く可からず。我は唯衆生《ただしゅじょう》一切のために略してこれを言うのみ」

と記し、自分が昇天した後しばらくの間、悪がはびこり世は乱れ、災厄《さいやく》が頻発《ひんぱつ》するであろうことを予告している。

実際、今の世の中その通りになっているのではなかろうか。

王仁三郎は、大本という霊的集団を興すことによって、世の立替え・立直しの「型」の演出を行った。その「型」は、九分九厘までは演じられたのだが、最後の肝心の一厘だけは、大本では演じられなかったという。

最後の大引っ繰り返しの業である「一厘の仕組み」があることは、大本神業を学ぶ者なら誰でも知っている。しかし、その具体的な内容については、まったくと言ってよいほどわかっていない。それは、悪神・悪霊たちからの妨害を避けるために、地上界において明らかにされることがなかったためで、誰にもわからないのは無理もない。ただし、王仁三郎を除いては――。

王仁三郎が一厘の仕組みについて知っていたことは、様々な証言者や神示・霊示などからも疑いようがない。

では、一厘の仕組みとは一体何であったのか。そして、大本で打ち出されなかった肝心の一厘の神業は、何処で、誰が行ったのか。

本章では、大本神業最大の謎とも言えるこの一厘の仕組みについて、出来る限り迫ってみたい。

最後に演じられる「一厘の仕組み」とは何か

まず、開祖の筆先（大本神諭）に示された一厘の仕組みに関する預言を見てみよう。これについてはすでに開教当時より、数多くの神諭が出されているが、左はそのうちの一部に過ぎない。

「世の立替えのあるといふことは、何《ど》の神柱《かむばしら》にも判りておれど、何うしたら立替えが出来るといふことは判りておらんぞよ。九分九厘までは知らせてあるが、もう一厘の肝心のことは判りておらんぞよ」（明治二十五年旧正月日不明）

「日本の神国《くに》には九分九厘行ったところで、一厘の秘密がある。手の掌《ひら》を覆《かへ》すといふことが書いてあろうがな。邪神界《がいこく》の悪神を帰順《きじゅん》させて了《しま》ふぞよ」（明治四十三年旧八月七日）

「日本の霊《ひ》の本《もと》には、一厘の秘密が致してありて、世界の人民の判らん、知恵や学で考えても、悪でも何でも出来んことがあるぞよ」（大正四年旧十一月六日）

「一厘の火水《ひみつ》の経綸《しぐみ》が致してありて先が見え透《す》いて居るから、ここまでに辛いことも堪《こば》り

詰めて来られたのであるぞよ」（大正七年旧正月十二日）
「今この仕組みが日本の人民に判りたら、三千年の神界の仕組みが成就いたさんから、今の今までは誠の元の一厘の所は申さんから疑う人民はまだまだあるぞよ」（大正七年十二月二十二日）
「九分九厘まで行ったところで、一厘の経綸は人民には判らず、神は今の今まで肝心の一厘の仕組みは、ドンナ結構な身魂にも明かして知らすという訳には行かんから、余程胴を据えて居らんことには、一厘の所になりてから神徳を落とす者が出来るぞよ」（大正七年十二月二十七日）
「この大本の変性男子と変性女子との、人民には見当のとれん御用が、神の経綸でさしてあるから、何ほど人民が知恵・学で考えても解りは致さんぞよ。これが人民にわかりたら、三千年余りての大望な経綸が成就致さんから、一厘の仕組みは今の今まで申さんぞよ」（大正六年旧九月九日）

また、開祖昇天直後より伝達の始まった王仁三郎の『神諭（伊都能売神諭）』にも、

「……九分九厘までは日本も心配致すことがまだまだ湧《わ》いて来るなれど、人民の改心さえ出来たなれば、昔の神世の経綸通りに致すから、一厘の仕組みで艮《とどめ》を刺して、三千世界を泰平に治めて……世界一列勇んで暮らすみろくの大神の御世と致すぞよ」（大正八年四月二十三日）

などと一厘の仕組みの記述が見られる。

このように、大本がこの地上界に発生すると、突如として「一厘の仕組み」の存在が神界より開示されたわけである。それ以前に発生した宗教（霊的磁場）においては、まったく示されていない。

王仁三郎は、自らを「大化物《おおばけもの》」とも称していた。これは筆先にそう示されていることに倣《なら》ったものだが、たしかに一厘の仕組みという「救世の神業」を地上界において完遂するために自分は天より遣わされたと認識していたようだ。そのことは、

「変性男子の身魂（出口ナオ）は先走り、女子の身魂（王仁三郎）は真の救世主、表の神諭ばかりでこの仕組み完成するにあらず、大化物の真相がわかれば肝腎の一厘判明せむ」（大正九年七月一日）

と、隠し文の中に自ら記していることからも明らかである（この文については後述）。

王仁三郎昇天後の、昭和二十四年夏のある日、前出の泉田瑞顕氏は、天恩郷の事務所において、大本の最高幹部の一人であったという東尾吉三郎氏に、〝あなたは始終聖師の側にいた人だが、大本の究極の経綸と言われる一厘の仕組みについて聖師から何か伺っているのか〟という主旨のことを質問した。すると、東尾氏の答えは、

「私もこのことが気になるので、臥床《がしょう》中の聖師にお尋ねした。ところが聖師は、『今お前たちに教えても意味がない。やり切る者は今の本部には一人もおらん』と言われた。そこで私は、それではどうなるのですか、と重ねてお尋ねすると、聖師は、『心配いらん、わしが神界に還った（昇天した）後、霊界から必要な時、必要な人物にこれを教える』と申された。それで私は安心しているよ」

というものであったという。

王仁三郎の昇天からすでに七十年以上の歳月が流れた。はたして、神霊界に還った王仁三郎から、一厘の仕組みの具体的な中身を教えられた者はいるのであろうか。

昭和十九年に始まる「日月神示」の伝達

王仁三郎は、昭和十七年八月七日、仮出所の処分を受けて、六年八ヵ月に及んだ獄中生活にピリオドを打った。そして、あくる昭和十八年、王仁三郎は同年元旦をもって大本が五十年間にわたる「地の準備神業」を終えたことを宣言した。

岡本天明に降りた「日月神示」の原文

大本は、この五十年の雛型神業において、世の立替え・立直しの「型」を九分九厘まで演出したと言われる。しかし、肝心要《かなめ》の最後の一厘は、大本では実演されなかった。それでは、その先の経綸はどこへ移ったのか。

実は、王仁三郎がこの「地の準備神業」終了宣言を発表した翌年の昭和十九年に、大本の元信徒であった岡本天明に神示の伝達が始まっている。

これが、「日月神示《ひつきしんじ》」もしくは「一二三《ひふみ》神示」とよばれる神典である。

日月神示については、筆者第一作目の『日月神示』(徳間書店、一九九一年)より、すでに何冊もの著書を通じて解説していることなので、ここではその発祥の経緯や内容の詳細については省略する。

日月神示は、大本の「地の準備神業」期間中に降りた開祖の筆先(大本神諭)、王仁三郎の神諭(伊都能売神諭)の続編、もしくは完結編と見られている。

しかし、大本では現在でも、〝外部〟におりた神示である日月神示を認めていない。たしかに伊都能売神諭にも、福島久《ひさ》の『日乃出神諭』を批判するくだりに、

「……大本より外に出ぬ筈《はず》の筆先を書いて、我の守護神でなければ天地の根本が判らぬと申しておるが、是《これ》が油断のならぬ神であるから、この大本の外から出た筆先は、一つも信用いたすことは出来ぬぞよ。……日の出の神は肉体を代えて守護が致さしてあるぞよ。変性男子と変性女子との筆先より他の筆先は信じてはならぬぞよ」(大正八年三月十一日)

と記されてもいるが、これは、福島久ら反王仁三郎派が「雛型経綸」の仕組みの一環として大本内部を攪乱《かくらん》していた時期に、王仁三郎(を守護する神霊)が動揺する信者を引き

締める意味で出したものであり、それ以降のすべてのケースに適用されるものではない。

ご存じの方は思い出して頂きたいのだが、大本とは現界的にはまったく関係のなかった中国の道院の筆先に、「至聖先天老祖《しせいせんてんろうそ》」を名乗る神が現れたという事実があった。

道院の設立は、大本が大正十年に第一次弾圧を受けた直後の同年旧二月九日である。王仁三郎は、老祖とは国常立尊の別名であり、同神異名であると説明している。そして、大正十三年頃、道院の壇訓《だんくん》（筆先）に、「中国の道院は日本の大本、日本の大本は中国と道院なり」と出るに至り、両者はほとんど異名・同一の団体として一体化し、東アジア圏を基盤に世界の五大陸へとその宣布活動は延びていくのである。

したがって、大本以外に同質の筆先が降りないという保証は何もない。むしろ、黒住教、天理教、金光教と連続して霊的磁場が発生したように、経綸というものはもともと一宗一派に囚われずに進展するものなのである。一宗一派に囚われ、自分の教団の優位性や唯一性を強調しているのは、人間の側だけなのだ。

日月神示は、その内容を詳しく検討すれば明らかなように、大本で降りた筆先と寸分違うところはない。大本神諭に出てくるものと同じ表現や言い回しも随所に見受けられる。

また、「……とくどう申してあろうが」と示されているのに、それ以前の日月神示をいくら探しても、それに該当する箇所は見当たらないということがある。それも、要するに〝大本の頃からくどく言っている〟という意味に取れば至極《しごく》納得がいくのである。

大本の筆先には、

「世の末になりたら神霊活気凛々《りんりん》、いつきの神と顕はれて、三千世界の艮刺すぞよ」

などと記されている。この「いつきの神」とは「日月の神」のことであるという説もあるが、もう一つ指摘しておくべきなのは、出口ナオの諱《いみな》との符合である。

開祖昇天後におくられた諱は、「大出口国直霊主命《オホイツキクニナオヒヌシノミコト》」というものであった。

また、日月神示には、

「大日月地《オオヒツキクニ》の大神と称え祀れ。すべての神々様を称え祀ることであるぞ」（『黄金の巻』第五十八帖）

とも示されている。

つまり「イツキの神」とか「オオヒツキクニの大神」とあるのは、開祖の御魂神を意味しているのではないかと思われるのだ。

出口ナオの身魂は、稚姫君命《ワカヒメギミノミコト》と言われていた。日月神示を岡本天明に伝達した神霊も、やはりワカヒメギミノミコトと言われている。現界での御役を終えた開祖は、昇天して元のワカヒメギミとなり、日月神示を伝達したのである。

日月神示に示された「一厘の仕組み」

日月神示にも、大本の筆先を受け継ぐ形で、一厘の仕組みに関することが多く示されている。参考までに、次に挙げてみよう。

「一厘の仕組みとは○に神の国のゝ入れることぞ」（『下つ巻』第二十一帖）

「一厘のこと言わねばならず、言うてはならず、心と心で知らしたいなれど、心でとりて下されよ、よく神示《ふで》読んで悟りてくれよ、神たのむのざぞ」（『キの巻』第十三帖）

「神の一厘の仕組みわかりたら、世界一列一平《いちれついったいら》になるぞ。枡《ます》かけ引いて、世界の臣民人民、勇みに勇むぞ。勇むことこの方嬉しきぞ」（『水の巻』第十一帖）

「大事な仕組み早う申せば邪魔入るし、申さいではわからんし、何にしても素直に致すが一番の近道ざぞ」（『雨の巻』第十五帖）

「九分九分九厘と一厘とで、物事成就するのざぞよ」（『風の巻』第八帖）

「立て替え延ばしに延ばしている神の心わからんから、あまり延ばしては丸潰れに、悪のワナに落ちるから、艮《とど》めの一厘の蓋《ふた》開けるから、目開けておれんことになるぞ」（『梅の巻』第九帖）

「岩戸が開けるとさらに九、十となるぞ。隠してある一厘の仕組み、九十の経綸、成就した暁には何もかもわかる、と申してあろうが」（『白銀の巻』第一帖）

「これほどマコト申しても、残る一厘はいよいよのギリギリでないと申さんから、疑うのも無理ないなれど、見て御座れよ。神の仕組み見事成就致すぞ。一厘のことは知らされんぞと申してあろう。申すと仕組み成就せんなり。知らさんので、改心遅れるなり。心の心でとりて下されよ」（『秋の巻』第二十八帖）

「天の世界も潰してはならん。地の世界も潰すわけには参らんが、地上のことは潰さねば立て直し難しいなれど、見て御座れよ。一厘の秘密でデングリ返して、見事なことを御目にかけるぞ」（『極め之巻』第十一帖）

「二二と申すのは天照大神殿の十種《とくさ》の神宝《かむだから》に ゝ を入れることであるぞ、これが一厘の仕組。二二となるであろう、これが富士の仕組。七から八から鳴り鳴りて十となる仕組、成り成りあまる鳴門の仕組。富士と鳴門の仕組いよいよぞ。これがわかりたならば、どんな人民

も腰をぬかすぞ」（『至恩之巻』第十六帖）

「世界中を泥の海にせねばならんところまで、それより他に道のないところまで押し迫って来たのであるが、なお一厘の手だてはあるのぢゃ。……泥の海となる直前にグレンと引っくり返し、ビックリの道あるぞ」（『月光の巻』第四十八帖）

これらの神示群を読むだけでも、やはり究極の一厘の仕組みというものがあるらしい、ということはわかる。しかし、それが何であるのか、具体的には全く示されてはいない。

「心でとりて下され」と神の切なる〝願い〟が記されるのみである。

だが、その一厘の仕組みが発動することにより、地上世界は「丸潰れになる」という最悪の結末を回避できる、とも解釈できる。それだからこそ、この一厘の仕組みが何であるかが重要な問題となってくるのである。

「一厘の秘密」と「一厘の仕組み」の関係

ところで、大本の頃から降ろされた神示・神典類（大本神諭、伊都能売神諭、霊界物語など）を注意して読むと、「一厘の秘密」と「一厘の仕組」という二つの表現があることに気づく。これは、日月神示でも同様である。

一厘の秘密のことは、大本神諭や日月神示を繙《ひもと》いても詳しい説明は出て来ない。ただし、霊界物語には、やや具体的な記述がある。

「三個の神宝（真澄《ますみ》の珠《たま》・潮満《しおみつ》の珠・潮干《しおひる》の珠）はいづれも世界の終末に際し、世界改造のため、大神のご使用になる珍の御宝である。しかしこれを使用さるる御神業が、すなわち一厘の秘密である」（第一巻一九一頁）

「国常立尊は、邪神たちのために三個の神宝を奪取せられんことを遠く慮《おもんぱか》り給ひ、周到なる注意のもとに、これを竜宮島及び鬼門島に秘し給ふた。そしてなおも注意を加えられ、いかなる神にも極秘にして、その三個の珠の体のみを両島に納めおき、肝心の珠の精霊を、シナイ山の山頂へ何神にも知らしめずして秘しておかれた。これは大神の深甚《しんじん》なる水も漏らさぬ御経綸であって、一厘の仕組とあるのはこのことを指し給へる神示である」（第一巻一九二頁）

右の説明によれば、一厘の秘密には三つの神宝が関係している、ということのようである。これらの神宝についても、たしかに日月神示にも、

「北、南、宝出す時近づいたぞ、世の元からの仕組であるから滅多に間違いないぞ。……西も東もみな宝あるぞ。北の宝は潮満《しおみつ》ざぞ、南の宝は潮干《しおひる》ざぞ、東西の宝も今にわかりてくるぞ。この宝天晴《あっぱ》れ、この世の大洗濯の宝であるぞ」（『磐戸の巻』第六帖）

「海一つ越えて寒い国に、まことの宝隠してあるのざぞ。これからいよいよとなりたら、神が許してまことの臣民に手柄致さすぞ。外国人がいくら逆立ちしても、神が隠しているのざから手は着けられんぞ。世の元からのことであれど、いよいよが近くなりたから、この方の力で出して見せるぞ、ビックリ箱が開けてくるぞ」（『天つ巻』第十四帖）

などと示されている。

いずれにせよ、このことは究極の経綸の、いわば奥義に関する部分だけに、未だその実体はベールに覆われたままなのである。

しかし、既に開示されている大本系の神示・神典類、とくに『霊界物語』をつぶさに検

討すれば、一厘の秘密とは、生言霊《いくことだま》の原理とその応用を意味したものであるということ、また一厘の仕組みとは、経綸の最終段階において、しかるべき神山や霊地に赴き、その言霊の神威をもって○に丶を入れるという神秘極まる神業、いわゆる「言霊神法《ことだましんぽう》」を指したものらしい、ということがわかるのである。

海人族の伝承と関係がある「潮満珠」「潮干珠」

なお、「潮満の珠」「潮干の珠」と言えば、日本神話の有名な「海彦《うみひこ》・山彦《やまひこ》」の条《くだり》で出てくる話を思い起こさずにはいられない。

海彦（海幸彦《うみさちひこ》）・山彦（山幸彦《やまさちひこ》）は、天孫・ニニギノミコトとコノハナサクヤヒメとの間に生まれた三人の兄弟のうちの二柱である。

古事記によれば、最初に火照命《ホデリノミコト》が生まれ、次に火須勢理命《ホスセリノミコト》が生まれ、最後に火遠理命《ホオリノミコト》が生まれたとしている。このうち、長男の火照命を海幸彦、末子の火遠理命を山幸彦（亦《また》の名・天津日高日子穂穂手見命《アマツヒコヒコホホデミノミコト》）と伝えているが、日本書紀の方と比較すると、この神名の部分にはかなりの異同があり、錯綜《さくそう》している感は免れない。書紀本文では、最初に生まれた子を火闌降命《ホノスソリノミコト》、次に生まれた子を彦火火出見尊《ヒコホホデミノミコト》、最後に生まれた子を火明命《ホアカリノミコト》と名付けたとしている。

海彦・山彦の神話というのは、大体次のようなものである。

山彦は、兄の海彦から借り受けた釣り針をうっかり無くしてしまい、兄からどうしてもその釣り針を見つけ出し、返却せよと難題を突きつけられ、浜辺で一人で泣いていた。そこに「塩椎神《シオツチノカミ》」という潮路を司る神が現れ、海の神・綿津見神《ワダツミノカミ》の宮殿へ行く路を教える。山彦は、教えられたとおりの路を行くと、そこには荘厳な宮殿があった。そこで山彦は綿津見神の娘である豊玉姫《トヨタマヒメ》を娶《めと》り、二人は夫婦となって三年の間幸せに暮らす。

ある日、山彦は、海彦とのトラブルのことについて打ち明けると、綿津見神から二つの玉、潮満玉《しおみつたま》と潮干玉《しおひるたま》を授かる。これらは海水の干満《かんまん》を自在に操ることの出来る神威を持っていた。紛失した釣り針も綿津見神の助力により見つかった。

こうして海から戻った山彦は、なおも荒々しい心を鎮めずに戦を仕掛けて来た海彦に対して、潮満玉を使って溺《おぼ》れさせ、助けを求めると潮干玉を使って水を引かせる、ということを繰り返し、海彦を懲《こ》らしめた。海彦はついに山彦に平伏し、以後は昼も夜も仕えることを約束した。ここで天津日継《あまつひつぎ》の皇子《みこ》は山彦ということに決定する。

そして後、山彦と豊玉姫との間にはウガヤフキアエズが生まれ、ウガヤフキアエズと玉《タマ》依姫《ヨリヒメ》との間に、イワレヒコ、後に初代天皇として即位する神武天皇が生まれたということになっている。

いずれにせよ、「潮満の珠」「潮干の珠」というものは、龍宮伝説と共に、海人族にまつわる伝承と非常に関係が深いのである。

ちなみに、海部家が代々宮司を務める丹後元伊勢・籠神社の主祭神は、同家の始祖である彦火明命であるが、『元伊勢籠神社御由緒略記』には、「彦火火出見命は彦火明命の別名とも伝えられる」と記されている。そもそも籠神社の社名の由来は、神代に彦火火出見命が籠船に乗って龍宮へ赴いたという伝承から来ているもので、養老元年（七一七）以前までは、主祭神は彦火火出見命とされていたが、その後、彦火明命の神名に変更になったものである。

さらに付け加えれば、同社には約二千年前の前漢・後漢の時代の製作とされる海部家の神宝、「息津鏡《おきつかがみ》（約一九五〇年前の作）」「邊津鏡《へつかがみ》（約二〇五〇年前の作）」が所蔵されている。これらの神鏡は、『先代旧事本紀《せんだいくじほんき》（旧事紀《くじき》）』にも記述のある、いわゆる「十種《とくさ》の神宝《かんだから》」のうちの二種に数えられているものである。

これらの事実と合わせて大本系の神示・神典類を検討してみると、「一厘の秘密・一厘の仕組」というのは、どうやら海人族の古代史や古伝承と深くかかわっているらしいことが、おぼろげながらわかってくる。

雛型経綸の総仕上げ「大本裏神業」とは何か

これまで述べてきたように、大本の雛型経綸では、表の仕組みと裏の仕組みとがある。表の仕組みというのは、明治二十五年旧正月から昭和十八年元旦に至るまでの満五十年間で、これを「地の準備神業」という。

この五十年間の準備神業期間中に、世の立替え・立直しの雛型は、九分九厘までは打ち出された。しかし、最後の最後、究極の一厘のところは、大本内部では実演されなかった。

この一厘の仕組みの具体的内容については、誰も知るものがなく、謎とされていた。ただ一人、出口王仁三郎のみはこのことを神界より聞かされており、内密裡に最後の艮の一厘の神業を遂行し、雛型経綸の総仕上げを行うべく、事を運んだ。これが「大本裏の仕組み」とか「大本裏神業」と言われるものである。

大本幹部や出口家の人々にも知らされることなく、極秘に行われたものであるから、大本関係者が「裏神業」の存在を認めないのは無理もない。

「裏神業」が開始されたのは、大本が第二次弾圧を受け、王仁三郎が投獄された前後のことである。経綸上、どうしても大本を国家権力により潰させる必要があったため、王仁三郎の行動は、昭和神聖会の発足から次第に政治的に尖鋭化していった。だが、その後に待ち受ける自らの運命を十分に知っていた彼は、自分が入牢した後のことを、しかるべき複数の人物に託したのである。

王仁三郎の命により「裏神業」に携わった人たちの中には、大本信徒も、非信徒もいた。彼らは多くの場合、自分たちが「裏神業」というものをさせられているという自覚もなかったし、また彼ら同士の横のつながりも、ほとんどなかったようだ。

王仁三郎の密命を受けて実行された「裏神業」については、具体的な記録がほとんど残っていないため、調べるにも骨が折れる。一説によれば、四十八名の大本関係者が参加したとも言われる。この四十八という数は、イロハ四十八文字と符合しているようだ。裏神業の具体的な実行者については、大本の元信者としては、元中国大使の林出賢次郎《はやしでけんじろう》、後に淡路古文化開放協会会長となる白山義高《しらやまよしたか》、後に三五教《あなない》を創立する中野與之助《よのすけ》、皇道赤心会を設立する泉田瑞顕《ずいけん》らの名が挙がっているが、ほとんどが厚いベールに覆われたままである。

なお、実態が未だ解明出来ていないので詳しい説明は出来ないが、筆者は、広い意味において「裏の仕組み」とは、「裏神業」をも含めるものであり、「一厘の仕組み」とはこの「裏神業」に属する艮《とどめ》の神業であると解釈している。

昭和十九年六月十日より、岡本天明氏に伝達の始まった日月神示は、「裏の仕組み」に属する霊的な動きである。当時すでに大本とは縁の無くなっていた天明氏は、突如として自分の右手が書き始めたものが、大本神諭、伊都能売神諭といった大本系神示の続編と位置付けられるものとはついぞ思わなかったらしい。そのため、伝達初期の頃は、書いた（書かされた）ものをそのへんに放ったらかしにしたり、捨ててしまったりしたという。

このように「裏の仕組み」とは、とくに王仁三郎より密命を帯びたものではなくとも、神界からの仕組みにより本人の意志とは関係なく行われるものである。これに対して「裏神業」とは、王仁三郎から直接、命を受ける形で、秘密裡に指定の場所で行われた神業で、たいていの場合、実行者は日本各地の神山・霊地に赴き、言霊を発するといった霊的な業を行っている。「一厘の仕組み」はこれと等しいか、これに属する性格のものであるが、

「一厘の仕組み」の場合、その実際の発動は経綸の最終段階で行われる。ただし、その「雛型」はすでに行われている可能性もある。

注目される美濃・尾張の仕組みと北伊勢神業

興味深いことに、雛型経綸の最終の仕組み、すなわち一厘の〝終わりの仕組み〟というものは、尾張《おわり》・美濃《みの》で行われるということが、神示に出されている。

日月神示には、「終わりの仕組みはミノオワリ」という記述がいくつか示されているが、この〝ミノオワリ〟に〝身の終わり〟という字を当てれば、肉体（物質）主体の三次元的世界の終わり、という意味に取れなくもない。

しかし普通に解釈した場合、〝ミノオワリ〟とは〝美濃・尾張〟を表したものということになる。つまり、一厘の仕組みは美濃・尾張で行われるということである。

大正七年十二月二十二日の伊都能売神諭には、これに類することが記されている。

「世界の九分九厘が近寄りて来たぞよ。一厘の仕組で三千世界を立直すのは、綾部の大本より外には無いぞよ。今この仕組が日本の人民に判りたら、三千年の神界の仕組が成就致さんから、今の今までは誠の元の一厘のところは申さんから、疑う人民は未《ま》だ未だあるぞよ。

富士と鳴門《なると》の昔からの経綸《しぐみ》が判りて来たら、世界は激しくなりて、外国がさっぱり帰順致して日本へ末代従うようになるぞよ。東京の経綸はミノヲワリ、尾張の経綸は世の終わり、伊勢は丹波に丹波は神都《みやこ》、ミヤコの経綸は万古末代続くぞよ」


この記述には、当時の経綸の進展状況を考慮しなければならない部分もあると思われるが、「終わりの仕組みはミノオワリ」という神示が、既にこの頃から出されているということは重要である。

さらに極めつけは、『霊界物語』第十三巻に収録されている「信天翁《あほうどり》（三）」の一節である。そこには、次のような箇所がある。

「いま大本にあらはれた、変性女子はニセモノだ、まことの女子が現はれて、やがて尻尾が見えるだろ。女子の身魂を立直し、根本改造せなくては、誠の道はいつまでも、開く由《よし》なしされればとて、それに優《まさ》りし候補者を、物色しても見あたらぬ。時節を待つてゐたならば、いづれ現はれ来たるだろ。美濃か尾張の国の中、変性女子が分りたら、モウ大本も駄目だらう。前途を見こして尻からげ、一足お先に参りませう。皆さまあとからゆつくりと、目がさめたら出て来なよ。盲目千人のその中の、一人の目明《めあ》きが気をつける。アア惟神々々、かなはんからたまらない、一足お先に左様なら」

王仁三郎はここで、今大本に現れている変性女子、つまり自分自身を、〝ニセモノ〟であると断言している。そして〝ホンモノ〟の変性女子は、美濃か尾張の国の中に現れるだろうと述べている。

ただし、ここでは注釈を入れておく必要がある。それは、王仁三郎は右の「信天翁」の一節に、後になって自ら校正を加えていることだ。昭和十年三月の「王仁校正」版では、「一人の目明きが気をつける」の後を削除し、代わりに、「なぞと慢神《まんしん》してござる。王仁《おに》はこの言聴《こと》くにつけ、お気の毒にてたまらない。こんなわからぬ奴ばかり、盲目ばかりがさやけり」という文句を入れ、さらに「この歌を各自のことに誤解して罪をかさぬる曲人《まがひと》もあり」と筆を加えているのである。

後年、校正前の初版の文を読んだ自称・救世主たちが、王仁三郎は自分がニセモノであることを認めたと色めき立ち、鬼の首を取ったかのように騒ぎ始め、大本信者の取り込みをはかったことがある。戦後、大本を離脱して三五教を興《おこ》す中野與之助もその一人である。昭和二十八年頃のことだが、この当時はまだ「王仁校正」前の初版のものを載せていた。大本教団側はこの事態を受け、あわてたのか、昭和二十九年正月号の機関誌『愛善苑』で、王仁三郎の校正部分を写真版で公開している。

何故王仁三郎は、わざわざ混乱を招くような文を発表し、さらに、後になって意味を引っ繰り返すような修正を加えたのか、真実のところは謎である。おそらく、しかるべき人物にのみ自分がニセモノであることを伝えようとしたのではないか。

ともかく、やはりここでも美濃、尾張という言葉が使われている。この一節でも明らかなように、これは間違いなく地名（旧国名）である。

となると、最後の経綸とは、美濃・尾張を舞台に展開するものであるらしい。

そこで注目しなくてはならないのが、美濃と尾張の両国に隣接する北伊勢である。

実はこの北伊勢にあたる菰野《こもの》の地に、大本が地の準備神業の役割を終えた後、経綸の中心がシフトしているのである。

北伊勢における大本裏神業の遂行という重大使命を担ったのは、大本とも深く関わった言霊・数霊学者、武智時三郎《たけちときさぶろう》と、元大本信徒であった辻天水《つじてんすい》、そして東京から岐阜を経て菰野に招かれた岡本天明《おかもとてんめい》の三名である。

この三名により、一厘の仕組みは内密裡に進められていくのである。

天才的な数霊学者であった武智時三郎

まずは、そのうちの一人である武智時三郎について少し紹介しておきたい。

武智時三郎は、明治十七年一月二十九日、愛媛県温泉郡荏原村東方の大地主の長男として生まれた。豊かな少年・青年時代を過ごした武智は、松山中学を中退して十八歳で小学校教員となり、その後に町役場の収入役などをしていた。その頃武智の描いた絵が、今でも地元の寺に遺っているという。

後に女子四人、男子二人を授かったが、末子の男の子が武智家を継ぎ、長男が水野従吾《じゅうご》という人の家に養子として入った。武智の真理研究は、奥方のかつま刀自《とじ》と従吾氏の献身的苦労に支えられたところが大きかったようである。

当時は大本が飛ぶ鳥を落とす勢いで活動していた時期で、町の有力者が入会し、武智も入信して支部長をしていた。当時の金で一万円を出して大きな料亭を買い、「清楽館」と命名し、大本の信者がそこに十四、五世帯も住んでいたという。

しかし、大本に弾圧事件が起こると、職も無くなり、さしもの武智家も財産を失って没落してしまった。

武智は、事件後は一層、神の研究に没頭していき、大本とは一体何かと深く考え込みながら、世界の聖典、神仏典を読破していった。そのように真理を追究していくうち、どの神書にも肝心なところが数で書かれていること、しかも五十数で記されていることに気づき、アイウエオ五十音に秘められた真理を悟り、神は数と詞《ことば》で能《はたら》いておられるとの結論に達するのである。こうして武智は、古神道的な主観をベースに数霊学や言霊学の秘義を体系化した、新しい「日本学」を構築

晩年を菰野の地で過ごした武智時三郎

するのである。

その頃、大本の信者で内山智照《ともてる》という人と知り合ったが、内山氏は武智の学識を高く評価し、海軍大将・山本英輔《えいすけ》に資金援助を頼み、武智を、東京の自身の管下にあった天理教支教会「太道教」の顧問として招聘《しょうへい》、奥方も上京し、手伝うこととなった。

その中には、総理大臣となった近衛《このえ》文磨《ふみまろ》や、昭和天皇の学友であった松平氏の姿もあり、学者や政治家、易者などが盛んに出入りして武智の「日本学」を学んでいた。

やがて戦争が激しくなり、従吾氏も兵隊として出征し、武智は岐阜県の駄知という町に住む知人の家に身を寄せることとなった。

この時期のある朝、歯を磨いていた武智は、

「神世より　流れ尽きせぬ長良川　美濃尾張経て　伊勢に入るかも」

という言葉が無意識に口をついて出た。不思議に思い、このことを気にかけていた武智は、来訪者の中に三重県出身の者がいると、伊勢に連れて行ってもらえないかと頼んでいたという。

そんな折、四日市からタイル工場の人がやって来たので、

「実は菰野の町に住みたいのだが、大本の人はいませんか」

と尋ねてみたところ、

「うちの会社の社長が熱心な大本信者で、辻正道という人です」

ということで、話はすぐにつくことになった。この辻正道《まさみち》こそ、王仁三郎の命により北伊勢で裏神業を務める辻天水であった。

武智は、辻の紹介により、菰野の湯の山温泉を開いた旅館・寿亭《ことぶきてい》の葛谷《くずや》という人と親しくなり、葛谷氏よりその畑を提供してもらえることになった。これが晩年の岡本三典《みのり》女史（故・岡本天明夫人）が主宰されていた「至恩郷《しおんきょう》」建設の発端である。

こうして昭和二十一年十二月八日、武智一家は、この畑の隅の番小屋の、電気も井戸もない仙境に居を定めることとなり、猪やキジ、リスなどを相手に開墾《かいこん》を始めたのであった。

武智は辻正道とすっかり意気投合し、近くの山で働く人も「武智先生は杖を引いて毎日のように辻さんの所に通っていました」と述懐しているように、神の経綸や真理について尽きることなく語り合ったという。

そして辻と話すたび、

「私は伊勢へ来た甲斐があった。神様から教わって立てた学問が、此処で皆立証されていた」

と言い、喜んでいたと伝えられる。

武智時三郎は、こうして晩年を菰野の地で過ごし、言霊・数霊学の奥義を究《きわ》めるとともに、「至恩郷」の基礎を開いて、昭和三十五年十二月六日、七十六歳で逝去《せいきょ》している。

辻正道に託された大本裏神業とは

辻正道が故郷である三重県菰野に帰って来たのは、実は王仁三郎に命じられてのことであった。

筆者が直接に取材した限りにおいても、どうやらこのことは間違いなさそうである。そのあたりの経緯を紹介させて頂きたいのだが、参考資料としては、「継承の道」発行による『龍宮神示』(一九九四年刊。現在は絶版)しか公開されていないので、これを参考にさせて頂くしかない。

この本は、故・辻天水氏夫人、登美古《とみこ》女史が一日がかりで語った証言を、すべてテープに録音し、それを起こす形でまとめられたものである。よって、多少の主観がまじっていることは否めないだろうが、大体の主旨においてはこの通りであろうと思われる。

辻正道は、昭和五年頃に大本に入信して後、職員として亀岡本部に奉仕していた。王仁三郎から命じられた彼の仕事は、日々入信する膨大な信徒たちが奉斎する大本の御神号「大本皇大神《オオモトスメオオカミ》」の揮毫《きごう》と、宣伝使の階位の辞令書きというものだった。

本部一室に閉じこもり、忙しい毎日を送っていたある日、王仁三郎が、正道の仕事部屋にふいにやって来た。

「おう、感心に真面目にやっておるのお」

そう言って王仁三郎は、正道の揮毫した「大本皇大神」の神号を見ると、

「後で、ここに『日』が入らねばならぬがなあ」

とつぶやいた。

「『日』……ですか？」

王仁三郎は、それだけ言うと、部屋を出ていったという。

その後も、正道は同じ仕事に明け暮れた。日出麿《ひでまる》（大本三代教主補）の提言により、名は正道から天水と改まったが、日々の生活には変わりはなかった。

天水としては、大本のために妻子をも捨て、大本に骨を埋める覚悟でやって来た。東大

も出て、成績も優秀であった彼にとって、毎日このような日陰の、単調な仕事ばかりをやらされているのは辛かった。宣伝使や講師のように、表舞台に立って、大々的な布教活動をしたかったのである。

昭和十年、大本が大弾圧を受けることになる年のある日、王仁三郎が仕事場に顔を出した。たまりかねた天水が、

「聖師さま、私はいつまでこの仕事をすれば宜しいんでしょう。来る日も来る日も、こうして揮毫と辞令書きばかり。どうか私を講師にして頂けませんでしょうか」

と頼み込んだ。しかし、王仁三郎は受け付けない。

「あんな所へ行くでない。お前はここにおれ」

「でも……」

「まだ解らんか。よう考えてみい、あんな玄関先で喋っとるのの何がええか」

そう強い調子で王仁三郎から言われると、もう二の句がつげなかった。天水は、〝私は聖師さまがなさることをさせて頂いているのだ、それだけで十分だ〟と思い直し、自分を励ましながら再び同じ仕事に取り組んだ。

数日後、また王仁三郎が仕事場に現れた。

「今日は精が出るの」

「左様ですか、有り難うございます」

　王仁三郎に言われて以来、自分を殺して仕事に励んでいた天水であったが、この時思わず、〝アッ〟と声を出してしまった。大本皇大神と揮毫するところを、どういうわけか誤って、大と本の字の間隔が開き過ぎてしまったのである。

「申し訳ありません。書き直しましょうか」

「それでええんや、ちょい貸してみい」

　王仁三郎は、筆を手にすると、その空いているところに〝日〟の一字を加えた。「大日本皇大神」という神号を見て、即座に天水は、以前に言われた、王仁三郎の『日が入らねばならぬがなあ』という言葉を思い出した。

「これでええやろう。これをお前にやる。いずれ大事な時に使うことになるからな」

「どんな時でしょうか」

「〝一厘の仕組み〟や。あんたの本当の仕事はそれや」

　天水の全身に衝撃が走った。大本内部でもいろいろと論議になり、経綸上最も重要な仕組みと言われるものの、その答えは謎のままとされていた〝一厘の仕組み〟を、自分が行

王仁三郎が"日"の字を加えた天水の揮毫

うことになるとは――天水は、わが耳を疑った。

「私にそんな大層なことが出来ましょうか」

「ええか、よう聞けよ。この大本は宗教やないで。神業団体や。この意味わかるか」

「…………」

「わしはなあ、この世でまず仏教を滅ぼす型をやるのや。それがいろいろな宗教を滅ぼす型になるんや」

「どうして宗教を滅ぼすのですか」

「簡単や、ミロクの世に宗教があってどないする。宗教というものがないのが、ほんま素晴らしい世の中になるんや。そやけど滅ぶ宗教の中で、一番最後まで残るのがキリスト教やろう。まあ、そのために、型の大本を潰させれば、他の宗教も没落するのや」

「聖師さま、この大本を……潰させるのですか」

「そうや、それをせねばなあ、世の中は動かんのや」

王仁三郎はそう平然と語ったが、その表情はこわばっていたという。

王仁三郎はどうしても大本を潰す必要があった？

昭和十年四月、王仁三郎は、昭和神聖会を通じての宣布活動は終えていたが、神聖会自体の運動は激化する一方だった。

特高警察の監視もいっそう厳しさを増し、大本内部には、ただならぬキナ臭さが漂い始めた。こうなってくると、さすがに神聖会の幹部の中には、当分運動を差し控え、権力側の出方を見た方がよいとする慎重論も出始めた。しかし、こうした尻込み的な雰囲気に対し、王仁三郎は、

「弾圧を恐れて運動を中止したり、手控えることは断じて出来ない」

と檄《げき》を飛ばし、逆に徹底的に運動を進めるよう指示している。

神聖会の団体訓練は、たんなる集団訓練というワクを越え、軍事的色彩を強いものとなっていた。側近の一人が、軍事訓練だけは止めるようにとの憲兵司令部から警告を受け、

そのことを王仁三郎に助言しても、王仁三郎は、その時は素直に意見を聞いて中止するのだが、その側近が出張で不在の時は、そんな助言など無視するかのように、軍事訓練を再開させるのだった。そのためこの側近が、もはやこのままでは王仁三郎の身の安全も保証出来かねると進言すると、

「そうか、もう一押しじゃ」

とニッコリと笑ったという。

そんなある日のこと、王仁三郎は天水の仕事場に現れた。

「やったで、これで大本は弾圧や」

「どうされたんですか」

「わしなあ、今までいろいろと挑発して、大本を弾圧するように仕向けたが、なかなか動かんやった。そんで皇居の前で白馬に跨《また》がってやったんや。これで大本も弾圧や（筆者注・『大本資料集成』などの資料によれば、昭和八年八月、亀岡の東光苑において昭和青年会の査閲分列式を行った後、王仁三郎が白馬に跨がって青年会を率い、亀岡から穴太《あなお》まで行進したとある。弾圧直前に皇居前で「閲兵」を行ったという記録は見当たらず、この話とは年月的にも場所的にもズレがある）」

「聖師さま」

「あのなあ、もしこの仕組みがなあ、後にずれればずれるほど国民が苦しむんや。そやからなあ、わしはそれをせにゃああかんのや」

「…………」

「わしが捕まったら、この神業の続きをする者がおらん。そやから悪いが、わしの替わりに裏の神業をやってくれんか。このことは他言したらあかんで。そんでなあ、あんさんから預かった土地があったろう。あれ、悪いが返すわ。あの場所は後に必要な地場やけんなあ。特に下げ渡しておくわ」

三重県菰野の資産家の出であった天水は、大本に入信する際に、土地などの財産の一切を大本に献納していたのである。

「聖師さま……」

「弾圧の後には梅花一厘の仕組みを残す。頼んやで」

王仁三郎はこうして、以前に献納された土地をそのまま元通り天水の名義に戻した。さらに、自分が捕まった後のことをいろいろと指示したという。

昭和十年十二月八日未明、ついに第二次大本弾圧が起こった。この時、天水は職員宿舎で眠りについていたが、血相を変えた同僚の「辻はん！」という声で目が覚めた。

「本部が警察に踏み込まれよったで、弾圧や」

「何！　聖師さまは」

「わからんけど、松江別院におるところを憲兵に踏み込まれて、なんやら護送されるという話や」

この日が来ることは覚悟していたとはいえ、動揺を抑えられなかった。

王仁三郎は、警察に拘引され、大津駅から京都駅へと移送されようとしていた。天水は、王仁三郎に一目会うべく、大津へと向かった。

大津駅に到着すると、駅構内の待合室で、王仁三郎は警護の官憲たちに取り囲まれていた。何とか王仁三郎に面会すべく、天水は密かに官憲たちに金を握らせた。官憲たちは待合室から一時的に席を外すことを承諾してくれたので、その間に天水は王仁三郎と二人だけで面会することが出来た。

「聖師さま……」

王仁三郎は待合室に入って来た天水の姿を見ると、嬉しそうに微笑んだ。腕にかけられた手錠が、痛々しかった。

「やったで、弾圧や」

天水は何も言えず、王仁三郎を見つめるだけだった。

王仁三郎は、彼の手を握ると、静かに、しかし力強くこうつぶやいた。

「辻、お前、あと頼んだで。後の仕組みは、四十八人の大本の人間に残しておるから、続きは頼むで」

天水は、その温かな手を、泣きながら握りしめるのだった——。


以上は、多少の脚色が入っているが、辻登美古女史が生前の天水氏から聞いた話に基づいてまとめられた資料に拠っている。

このようにして、辻天水は、最後の経綸である一厘の仕組みを王仁三郎より託されたのである。天水自身は、弾圧を事前に予見していた王仁三郎より、部外者として扱われていたため、拘引されることも取り調べを受けることもなかった。

そして事件後は、一度は大本に献納されながらも、やはり弾圧を予測して事前に下げ渡された故郷、北伊勢の菰野の土地に、再び戻ることとなったのである。

最後の経綸は北伊勢・菰野で行われた

王仁三郎は、いよいよ弾圧が近いという段階に至った頃、少し骨のある信徒を選び、わざと破門にして、自分が入牢した後は、皆が辻天水と共に裏神業をするようにと命じていたという。

また王仁三郎は、日本が負けても最後には勝つようにと、日本各地の霊的地場に布石の仕組みをした後、一切の責任を天水に託したので、天水は終戦後は日本全国を歩きまわり神業を行うという、大変に多忙な日々を送った。天水は、文字通り全財産を投げうって、王仁三郎の命に忠実に、命がけの神業を遂行したのであった。

そして昭和二十一年、武智時三郎が天水の助力により、岐阜から菰野《こもの》の地に移ってくる。武智は天水の裏神業を初めて認めた人物でもあった。

また、岡本天明のもとに降りていた日月神示の存在を知り、正統なる神示として認めた両氏は合意の上、天明を菰野に招聘することになる。

こうして、辻天水、武智時三郎、岡本天明の三名の大本シンパによって、北伊勢の菰野の地で最後の経綸が展開していくのだ。

武智時三郎は、前述した通り、宗教面において名高い学識を持ち、古神道の奥義とも言える言霊・数霊の秘義を神得した人物であり、菰野に移ってからも独自の真理研究に没頭した。天水、天明両名の良きアドバイザー的存在でもあったようである。

岡本天明については、既刊の拙著において詳しく説明した。日月神示は、先にも述べたように、厳霊《げんれい》系のワカヒメギミノミコト（出口ナオの本霊）が伝達したものであり、それは本質的には、国常立大神からの直言と言えるものである。

では、辻天水の行った神業とは、どのようなものだったのか。

それは主に、三雲龍三《みくもりゅうぞう》、生源寺勇琴《しょうげんじゆうきん》といった高級霊媒による神憑かり神業を通じ、自らは審神者《さにわ》役となって神意の取り次ぎと記録を行うというものであった。こうして天水のもとには、『龍宮神示』『天言鏡《てんげんきょう》』『神言書《しんげんしょ》』『松の世』等々の神典類がまとめられ、保存されることになる。

岡本天明の業績と日月神示の内容については、既に世に出たと言えるだろう。しかし、辻天水と、彼の遺した膨大な神典類や霊的業績については、ほとんど知られていないと言ってよい。

至恩郷で晩年を過ごした岡本天明（上）と、錦之宮を築いた辻天水（下）

菰野には、岡本天明が晩年を過ごした「至恩郷」があったし、「至恩郷」と目と鼻の先には、辻天水の築いた「錦之宮《にしきのみや》」があった。

岡本三典女史は、「至恩通信」第一七〇号（平成元年一月九日発行）の中で、

「錦の宮には戦後の日本や世界がどうなるかということが示された神書が未公開のまま積まれております。漸《ようや》く世に出してもよい秋《とき》が来たように思います」

と書かれている。

次章の最終章では、辻天水を中心として行われた北伊勢神業の具体的内容を述べると共に、そこから予測される人類社会の展望について、考察してみたい。

第五章

錦之宮神示に見る最終預言

錦之宮で展開した大本裏神業

日月神示が脚光を浴びるようになってきたことで、同時に、神示の伝達者である岡本天明氏の名も世に知られるようになってきた。

だが、その天明氏が晩年を過ごした北伊勢の地にどのような因縁や仕組みがあったのかということについては、これまでほとんど取り上げられることがなかった。

天明氏を三重県菰野に招請したのは、前章でも述べたように、数霊学者の武智時三郎氏と、元大本信者であった辻天水氏の二人であった。とくに、辻天水という人は、出口王仁三郎から直接に、肝心要の仕組みである「一厘の仕組み」の鍵を渡され、大本裏神業を担わされた中心的人物であるにもかかわらず、これまでその存在はまったくと言ってよいほど知られていなかった。

筆者は、大本の系譜を引く形で、この北伊勢の地で行われた霊的な動きについては、一切の色眼鏡を外し、俯瞰《ふかん》的に見る必要があると考える。

日月神示は、もともとの発祥地は千葉県成田市の麻賀多《まかた》神社であるが、その後、天明氏の居住地であった東京から、岐阜を経て、最終的には菰野の地に入り、武智・辻の裏神業実行者と合流することになった。

そもそも、岡本天明と武智時三郎がこの地に移り住むようになったのは、菰野の大地主の子として生まれ、菰野の地に育った辻天水の存在があったればこそである。

「おわりの経綸《しぐみ》はみのおわり」の預言どおり、大本が「地の準備神業」を終えると、最後の経綸の中心は北伊勢に移ることとなった。

そして、辻天水のもとに、武智時三郎という、数霊・言霊の奥義を極めた希代《きだい》の神道学者や、日月神示を書記していた天性の画家・岡本天明が引き寄せられることとなり、さらには、天水の神業を手伝う様々な人々が集まってきたのである。

こうして菰野では、王仁三郎から引き継いだ「最後の経綸」が、ほとんど誰にも知られることなく、淡々と進展していった。

北伊勢神業の主たる霊的所産としては、岡本天明の肉体を機関として伝達された神示（日月神示）と、辻天水ら錦之宮に集う因縁の身魂のもとに降ろされた神示群がある。

本章では、それらの知られざる神示群（仮に錦之宮神示と総称する）を紹介しながら、北伊勢神業の内容や、予測される地上経綸の未来展開などについて、考察してみることにしたい。

辻天水とはどんな人物か

まず、前章でも紹介した辻天水という人物のプロフィールについて、もう少し詳しく触れておく必要があるだろう。

後に天水を名乗る辻正道は、明治二十四年（一八九一）六月二十一日、父・正憲《まさのり》の長男として菰野に生を享《う》けている。辻家は、第五十九代・宇多《うだ》天皇の後胤で近江源氏《おうみげんじ》の佐々木源盛綱《もりつな》を祖とする家系で、盛綱より七代目にあたる真野行定《まのゆきさだ》の孫・間宮定利《まみやさだとし》が近江国高嶋郡の澤ノ庄辻村に移り住んだ際に改名して辻姓を名乗るようになったという。

そんな家柄に生まれた天水は、理数系肌の秀才で、長じて後に東京帝国大学の農政経済学部を優秀成績で卒業した。

実弟の正次《まさつぐ》も、東大に推薦入学し、恩賜銀時計を授かっている。正次はその後東大に残り、東大教授を経て名誉教授となり、世界的な数学者として優れた業績を残している。

大正六年、最初の妻・ゆきと結婚。ゆきの生家である岡谷家は、当時名古屋の御三家の一つとされた家柄で、辻家には女中付きで輿《こし》入れした。

また岡谷家は、現在の東海銀行の前身の愛知銀行を、親戚の財閥六軒で創設したとも伝えられ、正道はその縁故により同銀行に就職、後に頭取に迎えられる予定でいたが、運悪く肺尖《はいせん》カタルを病んでしまい、自宅で養生生活を送ることとなったために退職、実現はしなかった。

銀行家への道は断念せざるを得なかった正道だが、商売に対する先見の明があったと見え、特許を取得して四日市に泗水《しすい》タイル工場を設立。昭和ひとケタ時代には社員二百名を抱え、経営に腕を奮っていた。とは言え、元来人が好《よ》い正道は、模造真珠の事業を起こした時に、大阪の取引商人に騙され、五万円の損害を被ったこともあった。

大正十五年、菰野村でもめごとが起こり、村が二分する事態となった折、新村長として正道に白羽の矢が立った。これは、時の村長が病没する際に正道に村長になってもらわねば村は収まらないと言い残したことによるもので、正道はこの遺言を受ける形で菰野村長に就任、手際よく騒動を収め、村政が安定するまで務めている。

正道が村長職にあったのは、同年七月から昭和五年七月までの満四年間であるが、退職にあたってはそれまでの月給も受け取らず、退職金にも手を付けず、この金は困った人に譲ってくれと受け取りを辞退してしまったという。

村人の間でも徳望が厚く、人格者として慕われていた正道であるが、菰野村から町として新たに発足する時にも力を尽くし、発展の基礎を築くことに貢献したため、町会議長の服部幸太郎《はっとりこうたろう》は、功労者として正道の銅像を建立したいと申し出るが、正道は、そんなものは要らぬと断っている。

正道と大本との縁が出来るのは、開祖昇天からまだ間もない大正八年頃のことである。大本の小高という宣伝使がこの地を訪れ、盛んな宣布活動を行った。このため多くの入信者を得、大本支部が出来ることになったが、その支部設立を世話したのが正道であった。しかし、理数系の学究肌だった正道自身は、すぐに入信したわけではなかった。隣村である員弁《いなべ》郡の石垣という宣伝使が、後年、辻さんに入信して頂くまで十年かかったと述懐しているように、かなりその筋（霊的な話）をわからせるためには苦労が伴ったようだ。

そして昭和五年、妻ゆきと共に大本研修に参加することとなり、初めて正道は出口王仁三郎と対面した。ただしこの時は、一般の参加者として、大勢の人達に混じって講習を受けたのであり、一対一で王仁三郎と会ったわけではない。しかし王仁三郎は、他の受講生

たちと一緒にいた正道を見やり、〝オイ〟と指さし、

「あんたは伊勢のカンノシか」

といきなり質問してきた。伊勢の神主か、と尋ねているのだ。綾部地方の訛《なま》りには独特なものがあったが、正道は、ハッキリ〝いいえ〟と答えた。しかし王仁三郎は何故かこの返事に納得せず、

「いや、お前は伊勢のカンノシじゃ。カンノシになれ」

と強く言うのであった。

その意味は、結局正道にはわからず、その場での入信も思い留まっていた。しかし、これを契機に急速に大本へ傾倒していった正道は、ついに妻子を郷里に残したまま、すべてを投げ打って亀岡の大本本部にやって来るのである。

王仁三郎は、そんな正道を、どういう思惑があってか表に出さず、本部の一室に閉じ込めるような形で仕事をさせた。その部屋の中で正道は、ひたすら「大本皇大神」の揮毫と、宣伝使の階位の辞令書きに明け暮れるのであった。

日出麿から日の出の神の御役を引き継ぐ？

この大本での神業奉仕時代に、正道は、かつての講習会の席でも一緒だった三雲龍三《みくもりゅうぞう》という青年と知り合う。三雲は読書好きな、純朴な人柄で、熱心な大本信者になっていた。彼には優れた霊媒能力があり、後に正道と共に裏神業に奉仕、「龍宮神示」と呼ばれる天啓を取り次ぐことになる。

またこの頃正道は、出口日出麿とも懇意《こんい》になっている。

ある日の大本の講義で、正道は、「この世はみな神が造り給うたものであるから、人はこの世に所有権がない」という主旨の話を聞き、深い感銘を受けるに至り、それまで自分の持っていた土地や財産を全部大本に献上してしまった。そんなことがあった後のある日のこと、正道は日出麿の自宅に呼ばれ、茶を一服すすめられた。

「あんたですか、伊勢の土地一切を献納されたんは」

「左様《さよう》でございます」

「伊勢というと、あんたの所にある山から伊勢の海、四日市の海は見えますか」

「はい、頂上に登れば見えます」

正道がこう答えると、日出麿の温厚な眼差しが急に鋭くなった。

「そこじゃ、そこに違いない。わし、お前さまの家に行きたい」

こうして日出麿は、菰野の辻家を初めて訪れた。辻家では、大本三代教主補が来るというので提灯《ちょうちん》を出して盛大に出迎えた。日出麿は到着するなり、辻家の家紋を見て驚き、

「やはり、あんさんの家は大した家じゃ」

と呟《つぶや》いたという。日と月と十字（十字の頂点の部分が剣になっている）をあしらった辻家独特の紋章は、大本の裏紋の丸十と酷似していた。

数日後、茶室で正道は日出麿より、天水を名乗るように告げられた。この時より、正道の名は辻天水と改まった。天は日＝火＝厳《いづ》に通じる。また水は月＝瑞《みづ》に通じる。つまり、天水の名には厳瑞一体の、伊都能売の意味が込められている。王仁三郎の代行で裏神業を行うにふさわしい名であるが、この時の天水はまだその意味について気づいていない。

昭和九年一月、最愛の娘であった多鶴子《たづこ》が病で他界。妻のゆきも、お付きの女中と共に実家に戻ることとなり、天水はまったくの独り身となる（ゆきは昭和二十年五月に死去する）。

同年二月七日、三雲家の自宅の神前において、天水の持参した辻家伝来の刀を用い、剣の祭が行われた。この後、その刀は天水により王仁三郎に献上されたが、この刀の目打ちのところにある辻家の家紋を見た王仁三郎は驚き、この刀に「神聖丸」と命名、同年七月二十二日に発足した昭和神聖会の護《まも》り刀となった。

また同年には日出麿が再び辻家を訪れ、御在所岳《ございしょだけ》の麓にある湯の山温泉の寿亭に三日間滞在した。帰路、湯の山温泉を降りる車中において、日出麿はやおら立ち上がり、外に向かって恭《うやうや》しく一礼した。奇妙に思った天水が尋ねたところ、日出麿は、

「いや、今なあ、神明さまが出迎えにみえたから、ちょっとご挨拶をしたんや」

と答え、不思議そうな顔をしている天水をよそに、

「ここはほんま大事な場所や」

と呟いたという。さらに日出麿は、突然に自分の履物《はきもの》と天水の履物とを取り替えようと言い出した。天水が恐縮して辞退していると、日出麿は強い口調で取り替えるように言うので、天水がこの指示に従った。ところがしばらくして今度は元通りにしようと言い出し、結局履物はもともとの所有者の足に納まった。不可解なこの時の日出麿の行動は、日の出の神としての経綸上の役割が天水に移ることを「型」で示したか、もしくは天水も日の出

の神の神業の一部を担うことになるということを暗に示したものであった、と解する向きもある。

天水、王仁三郎から裏神業を託される

昭和十年十二月八日、第二次大本弾圧事件が起きた。

前章で述べたように、「一厘の仕組み」を聖師・王仁三郎より直接に託された天水であったが、事件後もしばらくは亀岡にとどまり、亀岡高等女学校、亀岡商業高校の教職に就き、物理や化学などを教えていた。

しかし、次第に自分に背負わされた重大使命を自覚するに至った天水は、再会した高級霊媒・三雲龍三と共に、裏神業を行っていく。

天水が、人生の新たなステージに大きな一歩を踏み出す契機となったのは、三雲と丹後国与謝郡の元伊勢に赴いた時のことである。この元伊勢とは、既に第三章で紹介した、彦火明命を始祖とする海部氏が代々神主を務める丹後国一ノ宮・籠神社である。その奥宮の真名井神社に参拝した際、三雲に「真名井龍神」を名乗る神霊が憑かり、以後、具体的な

神示が続々と降り始めたのである。

これらの神示群の総称が『龍宮神示』と呼ばれるもので、全八巻から成る。その内容については後述するが、天水は三雲青年を伴って日本全国の霊山、聖地に赴き、精力的に神業を展開していく。

また天水は、雛型神業の一環として、大きな世界地図を描き、その地図上のある地点に立って言霊（祝詞）を宣《の》り上げたり、神劇として芝居に見立てて型を実演することもあったという。ともかく天水は、たとえ傍目《はため》には無意味とも思える行為であっても、王仁三郎の命として忠実に実行していったのである。そして神示を仰ぎつつも、不明な点があると大阪府刑務所に出掛け、収監中の王仁三郎に面会を求めた。

看守に連れられ、面会室に現れる王仁三郎はいつも陽気で、

「よう、元気にやっとるか」

と天水に言葉をかけた。

天水がわからない部分を質問すると、

「なんや、そんなこともわからんのか」

と嬉しげに答え、またあれこれと王仁三郎の方からも尋ねてきたという。天真爛漫《てんしんらんまん》に振

る舞いながらも痛々しい姿の王仁三郎を見るたび、天水は胸を締めつけられるようで、自らに課せられた使命の重大さを強く認識するのだった。

昭和十七年八月になって、王仁三郎は仮釈放の身となり、大本農園に帰ってきた。

自由になった王仁三郎聖師に一目会わんと天水が駆けつけると、王仁三郎は、

「よう今までやってくれた。それで、頼みがあるんや」

と言い、それまで側近に命じて隠させておいた一枚の短冊を、弾圧前に急遽《きゅうきょ》荷造りした沢山の箱の中から探し出した。

それは、開祖の時代に作られた二枚の短冊のうちの一枚で、御神体とされていたものであった。やや大きな短冊で、銀紙を使って両脇をしつらえてある。一体は直ちに揮毫して奉斎し、もう一体は無地のまま必要な時のためにとしまっておいたのだという。王仁三郎は、側近に命じて筆と硯を持って来させ、その無地の短冊に、

金山彦神
大国常立大神
金山姫神

と一気に揮毫し、拇印を二箇所に押すと、続けてその後ろに、

〝これのある処、常に神業の中心地〟

と筆を加え、これを天水に下賜《かし》したのであった。

大国常立大神《オオクニトコタチノオオカミ》とは、大宇宙の万物一切を守護する根源神である。地上神界の統率神としては国常立尊として現れるが、前章で述べた大本皇大神とは同神異名とみてよい。

こうして、王仁三郎直筆による、経綸の中心地の証である御神体は、天水の手に渡されたのである。

霊身で現れる出口王仁三郎

その後、天水は三雲龍三らと共にさらに裏神業を続行していく。しかし、昭和十九年に入ると戦争が激化し、神業も中断を余儀《よぎ》なくされた。天水は戦火を逃れて菰野に疎開した。龍三にもついに召集令状が届き、戦地に赴くことになり、二人は永遠の別れを告げた。その後龍三の音信は途絶えたが、上海で病没したとも伝えられる。

三雲も失い、失意のどん底にいた天水に、ある日、次のような神示が降りた。

「昭和二十年八月十五日、夫婦《めおと》松のある処に茜《あかね》大神を祀り、汝はそこに入るがよい」

天水はこの神示を受け、心当たりの場所を探し回ったが、見当もつかなかった。村人たちに尋ねて廻った末、自宅近くの三保山に、樹齢二百年の見事な夫婦松を発見した。建築資材も容易に調達出来ない時勢ではあったが、天水は何者かに取りつかれたように神殿の建設に力を尽くし、ここに茜大神を祀る社が建立される運びとなった。「錦之宮」の発祥である。なお、茜大神とは、大国常立大神の別名とされる。

天水はその後も一人で神業に明け暮れていたが、昭和二十二年五月十三日、その後の天水の人生に大きな影響を与える神秘な出来事が起こった。

この日、大本信徒である生源寺勇琴が天水の家にやって来た。勇琴は、八雲琴《やくもごと》の創始者として名高い中山弾正琴主《だんじょうことぬし》の最後の直弟子と言われた人で、台湾から引き揚げて菰野町の近くに落ちついていた。この縁で、勇琴は愛用の八雲琴を携え、三保山の天水宅を訪れたのであった。

天水宅の神殿において、参拝の後、まさに弾琴にとりかかろうとした時、神前に供えた八雲琴が、手も触れていないのに自然に鳴り出した。その琴音は、「トウテンツチン（東天都鎮）、トウテンツチン」というものであったという。そしてその琴音が鳴り止んだ時、出口王仁三郎の霊姿が忽然と神前に現れたのである。

やがてその霊姿は消えたが、その消え去った跡のところに、不思議な霊文字が現れてきた。無論、これらの霊姿や霊文字は、普通の人の肉眼では見えないものであるが、勇琴の霊眼にだけは映ったらしい。

霊文字はこの日からほとんど毎日のように現れ、勇琴はその神示を取り次ぐ御用に奉仕した。具体的には、まず勇琴が神前に座し、前面に出現する霊文を、霊眼をもって読み、声に出して伝達する。その傍らに座した天水が、勇琴の読み上げる霊文を忠実に書記していく、というものであった。

このような作業が約六ヵ月余り続いたが、こうした経緯で出来上がった神典が『天言鏡』十巻である。

全体的に漢文調もしくは和歌の形式で綴られているが、その中には一厘の仕組みの謎を解く鍵が秘められているという。

うち第四巻には錦之宮の役目というものが具体的に述べられている。それは、この地に言霊殿閣を建設し、そこに神柱たちが登り、言霊を宣り上げるというもので、大立替えの際に起こる〝言霊戦争〟と大引っ繰り返しの御業のことを表したものである。

また、霊身で現れる王仁三郎が時々天水に、「絵」と呟くことがあったが、それと同時

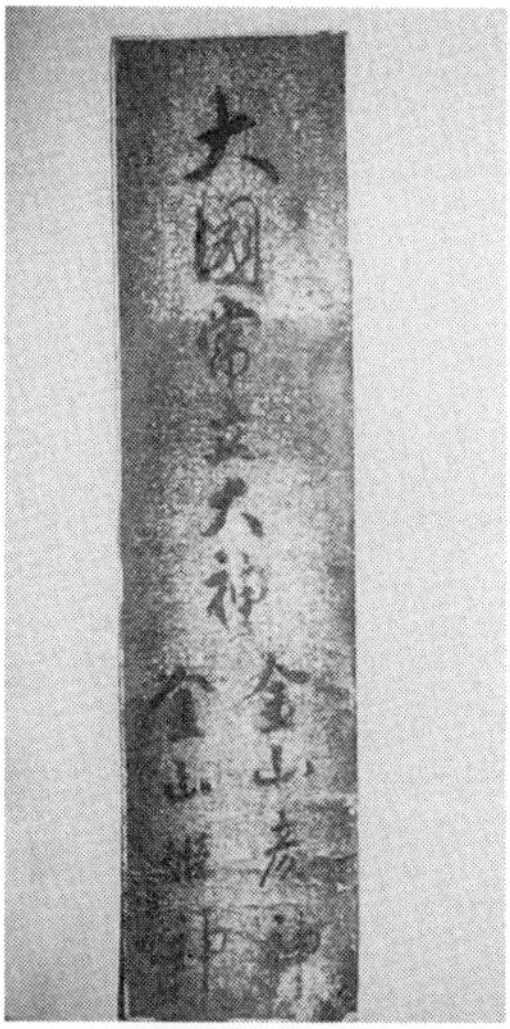

王仁三郎が天水に下賜した短冊と天水が書記した10冊の『天言鏡』

に天水の霊眼に一瞬、ある光景が映じた。その光景というのが、勇琴を通じて伝達される神示の内容とピタリと符合するものであった。『天言鏡』の特徴は、勇琴の霊視した文字と共に、こうして示された光景を天水自ら筆を取って描いた絵によって構成されており、絵と合わせて文を見ていかなければ理解が出来ないものとなっていることである。

なお、天水宅の神殿に王仁三郎が霊姿で現れ、『天言鏡』が伝達された時、肉身の王仁三郎は亀岡天恩郷の瑞祥館で、病のため臥床静養中であった。しかし、時おり目を覚ました時に、介護人に対し、

「わしは今、金斗雲《きんとうん》に乗って世界を飛び回って来た」

などと語ることがあったという。

この『天言鏡』もまた、先の『龍宮神示』や『神言書』『松の世』と共に錦之宮神示群の中核をなす重要な神書であるが、その内容については後述したい。

三人の北伊勢神業奉仕者が相次いで帰幽する

昭和二十三年に入ると、岐阜に住んでいた武智時三郎が、天水のもとを訪れた。二人は

たちまち意気投合し、武智も菰野の地に居を構えることになる。

同年一月十九日、出口王仁三郎が肉体の御用を終え、亀岡天恩郷にて昇天。

また、この頃より様々な人物が錦之宮を訪れ、滞在したり、神業に参加したりしている。

その中の一人に、大本の元幹部で、後に皇道赤心会を創立する泉田瑞顕がいた。

泉田は大本裏神業の存在を知り、霊示に基づき自らもその神業に加わった。昭和二十六年四月七日、泉田は神縁に導かれるままに天水を訪れ、錦之宮神殿で言霊七十五声を奏上する行をおこない、『天言鏡』などの神示研究に没念した。また六月十一日からは、錦之宮裏手の三保山山頂に設けられた言霊台に場所を移し、言霊奏上の神業を続けた。


一方、武智時三郎は、昭和三十年頃に脳溢血《のういっけつ》を起こして倒れ、山から菰野の町へ降りて養生しながら、後継者を探していた。この時、生源寺勇琴から「日月神示の岡本天明が岐阜に来ている」との話が寄せられ、それでは菰野に呼ぼうということになった。

日月神示の原文はほとんどが漢数字で構成されており、数霊に関する真理を説く記述も多く見られる。武智は、「〇一二三四五六七八九十、〇九十《マコト》が⊙《カミ》ぞ、⊙《カミ》は秩序ぞ、法則ぞ」などと書かれている日月神示を読み、「従来の世界の神典聖典はすべて一から十までを説いており、〇から説いているのは日月神示が初めてである」と高く評価し、天明が武智の後継者にふさわしいということで白羽の矢が立ったのである。

こうして、昭和三十年八月、一時は武智の住んでいた、寿亭という旅館の主人の所有地を天水が買い取った場所に、天明が移り住むようになり、天水、天明、武智の三名の一致協力により神殿が建設された。

昭和三十一年六月十日、天水が王仁三郎から下賜された「大国常立大神」の御神体を、天明居、武智居のあるこの土地に奉斎し、天水、天明、武智の縁者六十余名が集まって盛大に鎮座祭が執り行われたが、この時、西洋の宗教学にも造詣《ぞうけい》の深かった武智は、聖書からシオンという地名を取り、この地を「シオンの郷」と命名した。岡本三典女史の「至恩郷」の発祥である。

この鎮座祭に四国から参加した人の中に、小笠原登美子という女性がいた。登美子は天明に伝達された神示により「九十《コト》明姫命《アキヒメノミコト》」という守護神名を授かったが、天明によれば、その神名には「最後の仕上げの御神業に深い縁を持つ」意味があるということだった。

登美子女史は、最初は至恩郷で奉仕につとめ、病が進行して苦しんでいた武智の看病をしていたが、翌三十二年二月四日、天明居の祭礼に出席した真夜中に、王仁三郎が霊身で現れ、錦之宮の祭典に参加してはどうかと促した。この霊示に従って錦之宮を訪ねると、茜大神を祀っている神殿に国常立大神が降り立ち、三宝の上に実物として顕玉が出現、これを拝受するという不思議な現象が起こった。この時をもって登美子の名は「登美古」または「とみ古」と改まるようになったという。

その後、様々な霊示や霊現象が登美古に起こるようになり、天水との二人三脚による神業が行われていく。

同年五月五日には、錦之宮で「お田植え式」の行事があった。この行事で、「八乙女《やおとめ》」の役が実演されたが、これは瑞穂《みずほ》の国造りの雛型神業を表すものであった。

また八月五日から九月二十五日までの期間、二人は四国に赴いて神業を行っている。日本は世界の型であるが、とくに四国は四方《よも》の国とも言い、世界全体に通じるという意味から この四国神業は重要視され、中でも四国の最高峰・剣山《つるぎさん》山頂から神言を宣り上げたことは、全世界に神言を宣り上げたことに通じるとされた。

昭和三十三年三月三日には、錦之宮に五十余名の参加者が集い、「日の出の大神出御式」が挙行され、同年十月十日、金山彦《カナヤマヒコ》・金山姫《カナヤマヒメ》の神霊を入魂するという入魂式が行われた翌十一日、天水と登美古は神命により結婚した。

この時天水は既に六十七歳で、三十三歳の登美古とは三十四歳もの年齢差があった。天水はもはや医学的にも子供の授からない身体と言われていたが、王仁三郎の導きにより、二人の間には男児が授かった。●●《きみひと》と命名されたが、王仁三郎の指示によりこの名は公仁《きみひと》に改められた。

その後、錦之宮では、昭和三十五年五月五日に瑞穂国の肇式《ちょうしき》が実施されるなどの神業が行われたが、天水は次第に老衰が目立つ身となっていく。

天水、天明、武智の北伊勢神業奉仕者三名は、この時期、その役割を終えたかのように相次いで昇天している。まず、武智時三郎が同年十二月六日に病没。その後を追うかのように、辻天水が、翌三十六年九月十日に帰幽《きゆう》。そして岡本天明も、最後の日月神示となった『五十黙示録《いせもくしろく》』を取り次いだ後、昭和三十八年四月七日に世を去っている。

何の世俗的な欲もないままに、ひたすら王仁三郎の命に忠実に生きた辻天水は、最後の一厘の仕組みである雛型神業を遂行し、ほとんど世に知られることなく、ひそやかに七十年の生涯を閉じた。諡号《しごう》は「天津瑞穂国教祖神大正道弥広主命《アマツミズホノクニオシエミオヤオオマサミチイヤヒロヌシノミコト》」。王仁三郎からの霊示により贈られたものであった。

天水の錦之宮には瑞霊系神示が降ろされた

明治二十五年、地上経綸は大本という霊的磁場の発生を迎える。大本では出口王仁三郎の総指揮のもと、立替え・立直しの雛型神業が演出されたと言えるわけだが、その大本の最大とも言える特徴は、厳霊と呼ばれる霊系と、瑞霊と呼ばれ霊系とが、あたかも縦糸と横糸のように綾に織りなし、「みろくの世」という錦の御旗を織り上げるとしたところにあった。大本の誕生地・綾部の地名には、そうした神慮が含まれているという。

周知のように、開祖出口ナオには、国祖・国常立尊が憑かったとされ、一方の教主・出口王仁三郎（上田喜三郎）には、国常立尊の妻神である豊雲野尊《トヨクモヌノミコト》が憑かったとされた。

大本では教義上、ナオが肉体は女だが魂は男の変性男子、王仁三郎が肉体は男だが魂は女の変性女子と呼ばれる。出口ナオは厳霊系の御魂であり、ナオの筆先である『大本神諭』は、男性的な力強さと厳格さとを兼ね備えている。王仁三郎は瑞霊系の御魂であり、その代表的著作『霊界物語』は、比喩や譬《たと》え話などを駆使しながら、柔らかく「みろくの世」建設までの糸口を説いたものとなっている。

なお、王仁三郎には開祖昇天直後より、大本神諭から流れを引き継ぐ形で『神諭（伊都能売神諭）』が伝達されることとなるが、これは国祖・国常立大神の直言であり、厳霊系の神示である。

このように、タテとヨコの霊的動きが交錯する形で神業が行われるとした宗教団体は、おそらく世界広しといえども大本が初めてであろう。

大本神諭には、次のようなことが書かれてある。

「出口、上田は経緯《たてよこ》じゃ。機織《はた》に譬へて仕組みてあるぞよ。申してある真実《まこと》に結構な機《はた》が出来るぞよ」

「この大本は地からは変成男子と変成女子との二つの身魂を現はして、男子には縦糸、女子には横糸の経綸をさして、錦の機《はた》を織らしてあるから、織り上がりたら、立派な紋様が出来ておるぞよ」

この「錦の御旗」の仕組みは、大本で九分九厘までが打ち出されたが、残りの艮《とどめ》の一厘だけは演出されなかった。そして、この最後の一厘が王仁三郎の命により行われたところが、三重県の菰野という、北伊勢を中心とした地域であった。

よって、北伊勢で展開した雛型経綸においても、厳霊系と瑞霊系があるはずである。岡本天明が伝達した日月神示は、大本神諭の続編、もしくは完結編とも評されるもので、両者は内容的にもあまりに符合点が多い。

そしてもう一方の、錦之宮の辻天水のもとに降ろされた神示群は、「続・霊界物語」と呼んでも差し支えないような重大な内容をはらんでいる。つまり、これは王仁三郎系の、瑞霊による神示なのである。

厳霊系の日月神示は、すでに世に出たと言ってよい。しかし、瑞霊系の錦之宮神示群は、未だ表には出ていないと言えるだろう。

錦之宮の神示群は膨大で、非常に沢山のものがあるが、とりあえず代表的なものとしては、先に紹介した『龍宮神示』『天言鏡』、これに加えて『神言書』『松の世』が挙げられる。

では具体的に言って、それらにはどのような内容が示されているのか、順に解説を加えてみることにしよう。

霊界物語の世界観を受け継ぐ『龍宮神示』について

『龍宮神示』は、すでに述べたように、第二次大本弾圧後、辻天水と共に各地で神業を行った高級霊媒・三雲龍三に伝達された神示群の総称である。

昭和十三年、天水が三雲と連れ立って丹後元伊勢・籠神社の奥宮である真名井神社に参拝した際、突然三雲に霊動が起こり、天水が審神《さにわ》したところ、「真名井龍神」という神霊が憑かったことがわかった。以後、三雲を通じて、昭和十八年頃まで様々な神示が降ろされることとなる。

「たま問答《もんどう》」「貴《うづ》の神火山《みほやま》」「天《あめ》の巻《まき》」「美火木《みほき》物語」「三界《さんかい》物語」「三元《さんげん》の理《り》」「雑《ざつ》」「二名《ふたな》稿《こう》」の全八巻から成るが、ここでは、未発表の「三元の理」「雑」「二名稿」の三巻を除き、すでに発表されている「たま問答」から「三界物語」までの五巻について紹介する。

まず、「たま問答」には、身魂磨きに関する事柄を十の項に分け、神の子たる人が祖神と問答する形で説き示されている。全体が五七五七七の和歌の形式を取っており（序歌のみ七五調）、人の道、神の実相、経綸の真相、霊界と現界との関係といった内容が平易な歌の中に詠み込まれている。

「貴の神火山」は、隠退した国祖・国常立大神が地上界に復権するまでの物語で、全編が七五調で貫かれ、五大界（上より紫微天界、神霊界、地上界、地獄界、地極界）の立替え・立直しの経緯を描いたものとなっている。紫微天界よりは天《あめ》の常立《とこたち》大神が降り、地極界よりは国常立大神が昇っていき、共に各界を清めつつ邪霊を地上界へと追い出し、最後に両者が真奈泉《まないずみ》（琵琶湖）の辺《ほとり》の神鏡原《みかがみはら》にて結びをなし、地上界の修理固成を行う。大本の創世神話に見られる「九万九億《くまんくおく》の龍神」や「五男三女」、『竹内文書』に登場する五色人を想起させる「五色の民」などが関わるが、興味深いのは、地の神界の真奈泉（琵琶湖）で初めて作られた人類を「真奈霊止族《まなひとぞく》」と呼び、地上を主宰する資格を有する神人族としているところだ。他にも、「ひぬの真奈井」という言葉も見られるなど、豊受大神と丹後・丹波の古代史との関連が指摘出来そうである。

また、出口王仁三郎に多大な影響を与えた言霊学者・大石凝真素美《おおいしごりますみ》は、『古事記』の天之真名井とは琵琶湖のことであり、天照大神と素盞嗚尊はこの琵琶湖を舞台に誓約を行い、近江各地に初めて人体を備えた神々（五男三女神）を出生したという説（大石凝著『天地《てんち》茁𡿺《はえ》貫《ぬ》きの極典』『真訓古事記』など）を唱えており、大石凝言霊学からのアプローチも重要であろう。なお、『霊界物語』には、雛型経綸による「三段の仕組み」として、琵琶湖・日本海・カスピ海という三段の〝真奈井〟も登場する。

「天の巻」には、龍宮神示に用いられているターム（用語）や経綸、仕組みの法則が詳細に説かれている。ほとんどが七五調で構成されるが、散文での解説も織り込まれている。最後の〈跋《ばつ》〉では、移写拡大の法則が散文形式で説かれており、図示もされている。これらを踏まえた上で龍宮神示の他の物語を読めば、深い理解が得られると思われる。

「美火木物語」は、散文調の小説の形を取っており、ファンタジックなストーリー展開の中に、巧みに霊的真理が描かれる。海に浮かぶ島々を舞台に、天津《あまつ》ヶ丘の松風《まつかぜ》の翁《おきな》が、泉《いずみ》姫《ひめ》やその再生の紫姫《むらさきひめ》、その子の真奈井姫、男龍《おりゅう》、女龍《めりゅう》、元《もと》つ男《お》の神らとの関わりあいの中で島々が発展、生成化育する様を見届け、真奈井姫と元つ男神が正子生みへとつながるべく、自ら神業をなしつつ導いていく。晩年の辻天水は、松風の翁の話をよく登美古夫人に語っていたという。

「三界物語」は、冒頭部分は七五調、本文は散文で綴られる、「美火木物語」同様にファンタジーの趣のある小説である。

天界、地界、根底の国の三界で自ら展開してきた香具屋姫《かぐやひめ》という神が、自らの神業を振り返って述べるという回顧録的な形をとる。天界で泉を守っていた姫は、泉が涸《か》れた罪を償うべく、姉妹神たちと共に地上に降り、また根底の国にも降って各界の神業を進めていく。地上では真奈井に霊を秘めおいて人の子を誕生させ、また生命の存在しない根底の国でも生命を誕生させる。この物語は、日本神話の天照大神の物語を背景としており、両者を比較研究してみると興味深いものがありそうだ。

このように『龍宮神示』は、「真奈井」を中心として、神界経綸の詳細な様相及びその要諦、また「立替え立直し」ということの神的意味合いというものを開示した神示であるといえるだろう。その霊的・物語的背景は、大本の神示・神話体系（とくに『霊界物語』）の世界観を濃厚に受け継いでいるのである。

鍵を秘めた『天言鏡』について

生源寺勇琴《しょうげんじゆうきん》の霊眼に映じた霊文を辻天水が筆記する形で、昭和二十二年五月より同年十一月まで、およそ六ヵ月にわたって綴られたのが『天言鏡』全十巻である。

形式的には万葉仮名《まんようがな》、漢詩、和歌、都々逸《どどいつ》、浄瑠璃《じょうるり》、謡曲《ようきょく》などから構成されており、一読しただけでは難解な部分もあれば、俗語を交えたおどけた文章もある。だがそれは、ある意味ではここに示されている重要な真理（一厘の仕組みを解く鍵とも言われる）をカモフラージュするための手法なのである。本質的には、経綸の真相を開示し、その仕組みを解き明かす鍵を秘めた一大神書と言えるだろう。

ここでは、『天言鏡』の内容を、①仕組みの記録、②預言と警告、③経綸の展開、④心の有り様、⑤皇道経済、⑥言霊の六項目に分類し、それぞれについて若干の解説を加えてみたい。ただし、あくまでもこれらの項目は全体的な記述から大別したもので、実際にはさらに多彩な内容が含まれている。

①仕組みの記録

「此書は後の宝とうち明かす　至人至愛の神の言文」（第六巻上）とあるように、本書には神示の伝達と並行して行われた仕組みの記録という側面があり、後世への証《あかし》としての意味合いを持つ。よって、仕組みが行われた当時の時代的背景を踏まえておく必要もあると思われる。

例えば、昭和二十二年八月十五日に行われた、茜大神《アカネオオカミ》・八雲壽永和魂《ヤクモヒサナガニギミタマ》・雲竜命《ウンリユウノミコト》の三神鎮祭については、「三種の神宝揃たり」（第七巻）とあり、一厘の仕組みの関係上極めて重要である。

②預言と警告

後の世への証としての神示であることは、必然的に預言書としての性格をも備えることになる。十二支や季節、月日などが示されており、それらの時期に何らかの事象が現出するものと解釈できるが、その事象が地上界に実際に起こることはわかっていても、時間軸については伸縮があるのは経綸上の常である。これらは単純な「予言」とは区別されるべきものである。

また同時に、今後現出する来たるべき日に備えるよう、様々の警告を発しているが、けっして強迫的観念にとらわれたものではなく、神が子たる人に教え諭《さと》すが如き趣をなしている。それは物質・精神の両面に渡っていると言えるだろう。

「舞台の幕が開ける時、先ず第一に神に祈り、寝ても覚めても立っても居ても、神に離れず慌《あわ》てずに、頭と足とはよく包み、両手は空けておくように。急ぎ食物用意。重要書類身につけ、腹ごしらいして、静かに落ち着き慌てまじ。腹は空かぬよう第一なり。これより

詳しく述べ立つべし」(第三巻)

「青年女子ども集めて段々と神の道を知らせ、リヤカー、タイマツのこしらえ方法も教えおくようと思う、最後に入用なり」(第五巻)

「時を大切に、すべての用意よく考えおけ、ロウソクも用意しかるべし。とかく慌てる故、祈ること怠るな。出口に注意しておけ」(第十巻)

③経綸の展開

『天言鏡』には、今後展開していくであろう、またすでに展開された経綸の様相が記されている。これは王仁三郎が示した神界の仕組みを解き明かす鍵が秘められており、「みろくの世」建設までの経緯が示されている。錦之宮やその他の神山霊地の経綸上の位置、並びに各地の相互関係についても記されている。また、これは日月神示の記述とも関連してくるが、日本とユダヤの関係を示唆《しさ》する箇所もある。

「するがなる、ふじのすそのに幕ひらき、ちょぶおどろく世もさわかしく、なる戸にはまだ手はつけぬ、高倉も旭をつけてそろ〱はこぶ、いそがしく雲にのったり雨の中、此の仕組みして居りしなりけり」(第四巻)

「三千世界の神の宮　十二の流れ集まりて　ヨイヤサ〱」（第一巻）
「時来たって、十二の流れ来るを悦《よろこ》ぶべし」（同右）

④心の有り様

全編を通じて流れる精神は、笑いと歓喜に満ちたものである。神業奉仕においても、人としても、いかなる事態に遭遇《そうぐう》しようとも、その人の心の有り様が大切であり、けっして悲観的想念を持つことなく、明るい気持ちでいることが大切だ、と説かれている。「せまいひとやも心で廣《ひろ》く、七年かそへりゃ永い年、暑さ寒さも人じゃもの、かんじぬことはなけれども、神業なればなんのその、せまい座敷も心で広い、くやしざんねん不自由迄、神の道具と磨き上げ、最後に使ふものなれば、勇んでよろこべしっかりしやんせ、さあさ捨とけうきよの人の、心あいてに神あいて、共に歩こふじゃないかいな」（第六巻下）

⑤皇道経済

本書には、土地の守護神と一体化する産土《うぶすな》精神と、大本神諭で言う「お土から上がりたもの」で自給自活する天産自給を強調する神示が多く出されている。これは、出口王仁三郎により提唱された、天地自然の法則に従って各国魂《くにたま》ごとに〝農〟を本として自立的運営を行うといういわゆる皇道経済に関わるものであり、世界の立直しの方法論が示されている。

「五つの男と三姫きたりて田植する、神の仕組みの尊さをしる」(第三巻)

「論より証拠の街となり、苦しむ者多し。新しき処世《しょせい》の道を考えて渡らねば難《むずか》し。世界の動向と我が国の行く道をよく考え、皇道経済を以て神示と仰ぐ人助かる。是《こ》れ古今《ここん》無境《むきょう》なり。然《しか》れども神意知れば安し。早く〳〵と書かせあるなり、神は急ぐなり」(第五巻)

⑥言霊

『天言鏡』にはまた、言霊の重要性が繰り返し説かれている。言霊の働きから経綸上の意味合い、さらには言霊奏上の方法や奏上にあたっての心構えに至るまで指示されている。なお、本神示では言霊のことを、真言《まこと》・扇《おうぎ》(太木)・琴《こと》などと記す。

「人は言霊が第一なり。言霊によりて神人合一出来るなり。一度神を知る時言霊の意気《いき》変わるなり。悟るべし」(第三巻)

「あと一厘の水鶏《くいな》をのこし、尊き高殿涼風に、暮して茜《あかね》の水に身を清め、山に登りて琴の

橋、神の司《つかさ》と向き合ひて、言霊かわさせ大舞台、神の芝居ぞありがたき」（第六巻　上）

『天言鏡』は複合的な読み方が可能

『天言鏡』には、漢文形式で伝達された箇所も多いが、その中には、一つの文の中に複合的にもう一つ（あるいはそれ以上）の文が織り込まれており、読み方によってまったく別の意味の文章が現れるという、極めて高度な手法により作られたものがある。

たとえば、次の文を見て頂きたい。『天言鏡』第四巻に収録の漢文である。

霊線霊統　　　（霊線霊統）
山尓登良志手　（山に登らして）
十志良部留也　（神調べるなり）
志気利尓憧憬　（しきりに憧れ）
亭居者廼宇知　（ている者のうち）
世廼立替廼役　（世の立替えの役）

尓立有於面白　（に立つあり、面白し）
曽古尓曽古在　（そこにそこあり）
比良毛由久　（開けゆく）
恵廼道古曽　（恵みの道こそ）
多津根来留　（訪ねくる）
津礼於引手　（連れを率いて）
見尓久留茂在　（見に来るもあり）
仙境々々廼人迄茂　（仙境々々の人までも）
廼良利久良利亭　（のらりくらりで）
山見而於止呂久　（山見て驚く）
於前達波止伊宇　（お前たちはと言う）
茂加波比曽奈礼波　（も可哀相なれば）
志加多奈久共尓　（仕方なく共に）
白衣亭世武亭久留　（白衣で呼んでくる）

〈昭和二十二年七月十日〉

このように、普通に読んでも読める文ではあるが、一番頭の文字だけを拾いつつ、横に読んでみると、

「霊山として　世に聳え立つ　弥仙の山　面白し」

という、まったく別の文意が取れる。

もう一つ紹介しよう。

雲八嶋尓走良世　（雲、八嶋に走らせ）
乗加曽留加廼早業　（のるかそるかの早業）
阿分止佐世　（アフンとさせ）
磨亭志波志奈久　（待てしばしなく）
多喜津瀬廼如木　（滝津瀬の如く）
古来稀奈留阿世於　（古来稀なる汗を）
奈加志神力自由自在　（流し神力自由自在）
太志木業以而　（太しき神業を以て）

於木御代於造留為　（大き御代を造るため）
走而波帰利又巡利　（走りては帰りまた巡り）
木亭昼夜区別奈志　（来て昼夜の区別なし）
亭磨止良沼世宇　（手間取らぬよう）
一礼段々日茂世磨留　（アレ段々日も迫る）
日乭大神乭波多良気　（日の大神の働き）
茂止世利厚毛礼止　（もとより厚けれど）
早久早久乭声　（早く早くの声）
久方尓比々毛留故　（久方に響ける故）
開加無通於開久仁　（開かむ通りを開くに）
大仁保根加於礼留　（大いに骨が折れる）
御意仁適為　（御意に適うため）
世々永久栄由留於　（世々永く栄ゆるを）
也成世無止須　（鳴り成らせむとす）

〈昭和二十二年七月十一日〉

右の漢文の行頭の文字を横に読むと、

「雲に乗り　あまたこなたを　走り来て　一日も早く　開く大御世なり」

という文が現れる。

これは実は、王仁三郎が最も得意としていた〝隠し文〟の手法で、重要部分はこのようにして文の中に秘蔵し、特殊な読み方（折句）をしなければわからないようにした上で、後世に残したのである。

王仁三郎の手による同様のサンプルには、多くのものがあるが、そのなかから一つを挙げてみよう。左は、『神霊界』（大正九年七月一日号）に掲載された、王仁三郎作の「神躰《しんたい》詩《し》」と題された文である。

変わり易《やす》きは人心《ひとごころ》　生れたまゝの神心
男女の神の御教《みおしへ》を　子々孫々に至る迄
能《よ》く守れかし千早振《ちはやふる》　みろくの神の大慈心《だいじしん》
たまの改め畏《かしこ》くも　まことの人を選《え》り立てゝ

はやく世界を救はむと
走るが如く実現し
女神《にょしん》の活動万民を
能力《ちから》を授け世柱《よはしら》の
霊主体従真人《しんじん》の
真理の御教《みのり》信《あな》なひて
救ひの舟に打ち乗りて
主師親兼備天上《しゅししんけんびてんじょう》の
神君の至誠を尽すべく
斗《はか》る術《すべ》なき本の神
真心籠《こ》めて一向《ひたすら》に
仕へ奉《まつ》りて神界の
完全無欠の神政は
すの一声に神々も
仁愛《みろく》の神代《みよ》と鳴り渡り

先に知らする神諭《みおしへ》は
利生《りせう》普《あまね》き瑞霊《ずいれい》の
子《こ》の如《ごと》守り恵まいて
身魂々々を招《よ》び集《つど》へ
はやくも悟る天地《あめつち》の
のりとの声も勇ましく
世海《せかい》を渡る信徒《まめひと》は
表現神《ひょうげんしん》を敬ひつ
でぐち教祖に神習《かんなら》ひ
諭し玉へる御神慮《みこころ》は
能く祈れかし朝夕に
組織紋理《しぐみ》を深く悟りなほ
成成鳴《なりなりな》りて言霊の
留《とど》まりまして美《うる》はしき
非義《ひぎ》も邪道も影を失《う》せ

寿《こと》ほぎ祝ひ歓喜《よろこび》て　大《おほ》御恵《みめぐみ》を歌ひつゝ
化《か》育《いく》生《せい》成《せい》極みなき　物質界も常永《とこしへ》に
能《のう》久《げ》の功徳《くどく》弥高《いやたか》く　真人《まひと》の権威瑞《みづ》の霊《たま》
相生松《あひおひまつ》の末長く　賀《ほ》ぎたてまつれ皇神《すめかみ》の
分霊なれば誰《たれ》をかも　礼《いや》の大道《おほぢ》を忘れまじ
葉末《はすえ》に光る露《つゆ》の玉　肝心要《かな》めの望《もち》の夜《よ》の
心の月も影清く　野原山海河《やまうみかわ》のそこ
一切《いっさい》平等照り渡り　輪王《りんのう》聖者の仁政《じんせい》も
判りて東《あずま》の大御空《おおみそら》　明皎々《めいこうこう》と輝きし
勢い強き御光《みひかり》に　無明《むめう》の暗《やみ》を照しなむ
侶律も合わぬ神躰詩　五十八字に縛られて　思ひも寄らぬ脱線は
変性女子の天性と　直日に見直し読直し　頭《かしら》の一字に眼を留めて
詩歌と含みし真相を　心を籠めて悟るべし（をはり）

右の文の各行の第一字目を拾い読みしていくと、次の文が浮かび上がってくる。

「変性男子のみたまは先走り　女子の身霊は真の救世主　表の神諭ばかりで真の仕組み完成するに非ず　大化物の真相が分れば　肝心の一厘判明せむ」

変性男子の身魂、すなわち出口ナオ開祖は〝先走り〟であり、真の救世主は変性女子の身魂の自分だという意味である。この「神躰詩」を発表した時、ナオは前年十一月に昇天したばかりであり、未だ開祖派の勢力の強い時期であった。王仁三郎は、〝大化物〟として現れた自分の真相がわかれば、「一厘の仕組み」も判明するのだと、この文の中に暗に織り込む形で主張したわけである。

『天言鏡』には、こうした手法による隠し文がいろいろと施されており、水平に読むだけではなく、斜めに読んだり、逆さから読んだりすると現れる文が秘められていて、未発見・未解読の部分も多く存在するようなのだ。

参考までに、いくつかその隠し文の例を挙げてみる。

「天津神国津神達八百万の神集い来りて道を開くなり。貢の舟蓬莱に来る」（第二巻）

「一里の道、神が交り通る時は通力を以て通るべし」（第四巻）

「道開く魁なれば、身を清め光輝く家とす」（第五巻）

「神典を以て世人に諭し最後なる御用させむとす」（第七巻）

「天地自然の法則により世を立直すにあたり、人類愛善一道強調し、自己心出さず、全人類愛をほどこせ」（第八巻）

「神霊の実在を知れ。森羅万象を観察し真神の体と心と力を思考せよ」（第十巻）

錦之宮神示にみるホアカリノミコトとの奇しき因縁

錦之宮に降りた神示群についてどうしても言及しておく必要があるのが、ホアカリノミコトとの不思議な関連である。

第三章をお読み頂いた方なら、丹波で発生した大本と、三丹地方を治めた海人族の始祖とされたホアカリノミコトとが、何らかの深い因縁で結ばれていることをおわかり頂けたものと思う。

錦之宮神示群にも、大本からのこの霊的因縁を引き継いでいる証拠がいくつも見られる。例えば『龍宮神示』は、辻天水と三雲龍三が、丹後元伊勢・籠神社奥宮の真名井神社に参拝した折、三雲に「真名井龍神」が憑かることによって伝達が始まったものである。前述の通り、籠神社の主祭神は彦火明命である。また籠神社で代々にわたり神職を務める海部家は、彦火明命を始祖とし、国宝指定の家系図が保存されている。

大本と籠神社とは、切っても切れぬほど深い関係にあったことは、すでに説明したとおりである。

『龍宮神示』には、「真奈霊止族」とか「ひぬの真奈井」などの重要語句が盛り込まれており、古代の海人族との関わりを思わせる。

また、『天言鏡』について甚だ興味深いことは、原文に時々混じる形で記されている神代文字である。

この神代文字は、古史古伝の一つである『上記《うえつふみ》』で使われているもので、「トヨクニ文字」とも称される。『上記』は他の古史古伝の中でもある程度学術的価値があると認められるもので、サンカの古伝承と関連があることは、三角寛の研究によっても知られる。上記文字はサンカ文字と同じである。

このことは、拙著『日本建国の暗号』（ビジネス社）でも触れたが、サンカが自分たちの祖神と仰いでいるのがホアカリノミコトなのである（彼らはホアケノミコトと崇める）。

すなわち、『天言鏡』に上記文字が散見されることは、何らかの形でサンカとの因縁があることの証であり、それはホアカリノミコトにつながってくるのである。

このことは、宗教的（霊的）な側面だけではなく、正規の古代史研究とも合わせて検討しなければならない重要な事柄であるように思う。

筆者の仮説では、ホアカリノミコトを祖と仰ぐ海人族（海部氏、磯部氏など）は、丹後・丹波地方から大和、伊勢、岐阜地方に至る広大な領域を治めるに至ったと考えている。筆者は一時、ニギハヤヒノミコトが日本の初代天皇だとする説を取ったが、ニギハヤヒとホアカリは別人と考えるべきであり、ホアカリの方が年代的に古い。おそらくホアカリノミコトは、日本の初代天皇と目される御方であったのではなかろうか。

錦之宮神示がホアカリノミコトと表裏一体の因縁があるとすれば、それは正統なる日本のスメラミコトの復活を表すものなのかもしれない。

『神言書』は来るべき大峠に関する預言書

『神言書』と、次に挙げる『松の世』は、錦之宮神示の中でも未発表の神典である。伝達者は小沢泰子《やすこ》、生源寺勇琴。内容的には、預言や警告を多く含むものとなっている。

大本で演出された雛型経綸が地上現界に拡大移写する時に、どういう事態が現れるか、世の立替え・立直しの大峠の本番には何が起こるかといったことがかなり具体的に示されている。

本書では、そのうちの一部の神示を紹介するに留めるが、これを読むだけでも、世の大峠について具体的な描写を記した内容であることはご理解頂けると思う。

「本日正午ヲ世ノ終リトス　大地ハ仮死ノ状態ニナル　午后五時ヲ期シテ霊返《たまがえ》シノ数歌《かずうた》言霊殿閣ニ昇殿　奏上ヲ命ゼラル　地上万物息吹シテ蘇ル　愈《いよいよ》第二段目ノ舞台開幕トナル」

(昭和二十五年八月十四日)

「神が戦法開始　宇宙線を切断　混乱状態　自然に神の愛により救はれ蘇生する
文化ノ伏矢《ふくや》ニヨリ宇宙線切断　X《（ママ）》神　言霊ニヨリ救ハレル　即チ宇宙線ヲツナギ
蘇生スル　科学ガ破壊シタモノヲ言霊ノ神力ニヨリテ立直スノデアル」(昭和二十五年八月二十日)

「二度目天地剖判
宇宙線切断ニヨリ天体ノ均衡ヲ失シ　地軸真直グニ立直ル　之ト同時ニX《（ママ）》ニヨリ

太陽軌道面湾曲シ地球ノ公転ノ公道∞ノ道ヲ通ルコトトナリ春夏秋冬ノ別劃然《かくぜん》ト定マリ五風十雨《ごふうじゅうう》トナリテ大自然界モ立直リ永遠《えいえん》無窮《むきゅう》ノ皇道ニ則スルコトニナル
二度目の天地剖判　永遠無窮　青人草《あおひとぐさ》蘇り　相茂り睦び合ふ　之《こ》れ喜びの極《きわみ》
世の中へ糸車を掛けると四季調節が正しくなる」（昭和二十五年八月二十一日）

これによると、世の大峠のクライマックスでは体主霊従型の逆法により運営されていた「宇宙線」が切断され、霊主体従型の順法として切り替わり、新たなる「宇宙線」がつながれる。この時、人類は皆仮死の状態となり、地軸は真っ直ぐに立ち直る。この大峠の後、神人による言霊奏上により仮死の状態にあった人々が蘇生し、自然界や季節の運行も正しくなり、喜びに満ち溢れる世として地球は再生を迎えるというのだ。まさしく、壮大なSFXの現実版である。

また、大峠後は四季の変化のサイクルも変わり、暦《こよみ》も変わると記されている。

「暦日ニ就《つい》テ（現在ノ時計ヲ用ヒズ）
公道ガ湾曲シ　公速度ト公道ノ半径ガ変ル　距離ニ萎縮アリ　計算スベキニ非ズ

地球ノ自速度モ変リ　一時間ヲ五十分　一日ヲ二十時間ニスル　一ヶ年ヲ十ヵ月ニ
一ヵ月ヲ五十日ニ変ヘル
四季ノ変化ハ一ヵ年ヲ通ジ二回繰リ返スコトニナル故五穀ノ収穫モ一ヵ年二回ノ取入レヲスルコトニナルカラ産物ハ豊富ニナル
熱帯寒帯ノ差少ナクナリ　地上等シク太陽ノ恵ニ浴スルコトニナル　只両極丈《だ》ケガ生物モ生棲出来ヌ寒帯トナル」（昭和二十五年八月二十二日）

右の神示の中に、「みろくの世」では一ヵ年が十ヵ月になるということが示されているが、この十ヵ月暦については、実に王仁三郎が構想していたものなのである。

出口京太郎氏の『巨人・出口王仁三郎』によれば、王仁三郎はこの改暦問題について、明治三十一年に大意を発表しているが、そこで彼は「十ヵ月暦」というものを提唱しているのだ。それがどのような内容のものか、京太郎氏は同著の中では触れておられないのでわからないが、この点についても王仁三郎の思想とピタリと符合するのである。

「みろくの世」に移る心構えを記した『松の世』

最後に紹介する『松の世』は、小沢泰子らが取り次いだとされる神示だが、「天水承」の書名が入っているものもある。

大本神諭の「初発の神勅」には、「梅で開いて松で治める」とあり、日月神示にもまた、「いつも変わらぬ松心、松の御民の松の幸あれ」などとある。

『松の世』とはすなわち、万有和楽の地上天国、「みろくの世」のことである。

その「みろくの世」へ移行する上での心構えのようなものが、『松の世』には、和歌や散文の形式で、時に厳しく、時に慈愛に満ちた表現で綴られる。

そのうちのいくつかを紹介してみよう。

萬《よろず》民衆救はむと　報身弥勒《ほうしんみろく》の日の出神
目に見る人も聞く耳も　もたぬ末世のうたてさよ
三猿主義もよけれども　働き無きは皆死物

死神死佛の墓を蹴り　弥勒の菩薩に跪《ひざまづ》き
天国浄土を地の上に　為してゐらげ民草よ
弥勒三會の鐘の声　鳴り七《な》り渡る大宇宙
オリオン星座も定まりて　栄えの御代ぞ目出度《めでた》けれ

（昭和二十六年四月三日　午前十時）

嵐の前の静けさに　皆よひしれるうたてさよ
山川うめきあふれ出《い》づ　神業の程ぞ尊けれ
太刀《たち》振りかざす男の子等も　息吹《いぶ》く大地にひざまづき
日の大神を仰ぐらむ　神そのものは七《な》り七れる
宇宙の中に生れまして　真成る人は貴《ウヅ》巻の
中より天に冲します　力を授け給ふらむ
嗚呼《アア》惟神《かむながら》霊幸倍坐世《たまちはへませ》

（昭和二十七年三月十九日）

なかでも神威あふれる神示は、次に挙げる漢文読み下し調の文である。
「天戒」と題されたこの文は、辻天水が自ら直受したものであるが、まさしく、体主霊従から霊主体従へと切り替わるこの大転換期に、神から因縁の魂たちに向けて降ろされた一大神勅と言えるだろう。

天戒

弥勒《みろく》神業ハ之《こ》レ天ノ為ス所、衆生《しゅじょう》ハ天業奉仕ノ神務アルノミ、
故ニ其《その》成否ノ責ハ天ノ負フ所、之レ人業ニ非《あら》ザル所以《ゆえん》ナリ。
天業ノ神聖ナルハ今更言ヲ俟《ま》タズ、只至誠清玉ヲ以テ奉仕シ分厘《ふんりん》ノ汚影《おえい》ヲ許サズ。
法網《ほうもう》ハ潜《くぐ》ルトモ天網ハ潜リ難シ、天機将《まさ》ニ熟シ陽春ノ精気漲《みなぎ》リ、
萌芽《ほうが》動カントテ鬱勃《うつぼつ》タリ、秋ハ今既ニ到レリト雖《いえど》モ未《いま》ダシ、
時コソハ天意ニシテ神ノ通ル道ナリ、即《すなわち》天ノ為不時《ためふじ》ニ成ルナリ。
茲《ここ》ニ天業奉仕ノ資トシテ〇〇（伏字）ノ宝物アランカ、其ノ出所、生国、手段ニ就《つい》テ、
深ク玩味《がんみ》熟考《じゅっこう》シ、而《しか》シテ其ノ行ハントスル手段方法ニ就テ能《よ》ク熟視考察セヨ、
仮ソメニモ些細《ささい》ノ汚点、暗影ノ存スルアレバ、必ズヤ神律厳乎《しんりつげんこ》天日《てんじつ》ノ下《もと》ニ

其ノ罪過《ざいか》ヲ露呈シ、天業空《むな》シク水泡ニ帰シ、万古ニ汚名ヲ晒《さら》シテ万人ノ嘲笑ヲ
購スニ至ラン、万一誤ツテ道ニ違《たが》フコトアランカ救世ノ神業ノ眼目《がんもく》タル道ヲ衆生ニ
説クヲ以テ本務トスル神使ノ資格アリヤ如何《いかん》、
大ニシテ濁《にご》ラムヨリハ小ニシテ澄ムヲ常ニ心掛《こころが》ケヨ。
時将ニ天業進発ノ大儀ナルゾ、神ノ糸カ細《ぼそ》キモノニシテ
其舞フ手分秒《ふんびょう》ノ誤リアラバ忽《たちま》チ切レテ落チナム。
神ハ此機《このき》ニ及ンデ試練ノ訓問ヲ与ヘテ悟ラシムル所アリ、
神子能ク反省玩味シテ神聖無垢《むく》ナル天業奉仕ノ道ニ失《しっ》ナカランコトヲ期セヨ。
神ハ殊更《ことさら》ニ天戒ヲ下シテ神子ノ耳目《じもく》ヲ驚カシテ茲ニ万全ノ指針ヲ訓示ス
神子能ク神ノ深慮ヲ汲《きゅう》シテ神律ヲ堅持セヨ。

（昭和二十七年三月二十一日　天水承）

錦之宮神示には全体を通して、人類の不滅がうたわれ、明るくポジティヴな思想が貫かれている。

多少の激変に遭遇しても、必ず人類はこの試練を乗り越える。そして、神と人、人と自

然とがまつろう「みろくの世」は、ある程度の時間的変更はあっても必ず顕現する。そのことが、天地剖判からの神定の理として説かれている。

それはまさしく、出口王仁三郎の根本思想でもあったはずである。

王仁三郎から辻天水に託された大本裏神業とは、ホンモノであったのか。北伊勢で仕組まれた最後の一厘の経綸は、どのように現界において展開し、成就していくのか。

その答えを、これから二十一世紀を生きていく私たちは、現実に目に見える形で目撃することになるだろう。

あとがき――一理の仕組みが発動し、「みろくの世」が顕現する……

近代の日本に出現した宗教人のなかで、出口王仁三郎ほど中身の濃い生き方をした人も珍しい。いや、たんに宗教家というジャンルに絞《しぼ》らなくとも、この時代に生きたすべての日本人のなかでも、その人生の内容はとりわけ異彩を放っている。

とにかく天衣無縫《てんいむほう》、豪放磊落《ごうほうらいらく》な性格で、王仁三郎のまわりにいる人たちは、いつも彼に元気づけられ、勇気を奮い起こされた。破天荒《はてんこう》なことも平気でやるので、反発されたり、敵をつくることもあったが、彼自身はまったく頓着《とんちゃく》しなかった。

王仁三郎の自作の名刺に、一時「世界改造業者」という肩書が付けられていたことに象徴されるように、考え方が型破りに大きく、小事にこだわらず、常に高き理想を掲げていた。といって気配りも細やかで、人の心の機微《きび》をよくとらえた。

筆者は、こういう人物がこの島国日本から出たということを誇りに感じている。霊的、宗教的評価を抜きにしても、彼はまさしく偉大な思想家であり、哲学者であり、教育者であり、芸術家であった。

それだけに、等身大の王仁三郎を描こうとしても、そう簡単にはいかない。詳しく調べてみても、本当に偉人なのか、山師なのか、はたまた救世主なのか、評価の下しようのないところがある。

立替えの型を出すため、弾圧を自ら仕組んだという説もある。自分が天皇になれるかもしれないと思い込み、「不敬」をはたらく結果をもたらしたとする説もある。

王仁三郎と幼い頃よく遊んでもらったこともある、矢野祐太郎の長女・青砥代矢子女史は、王仁三郎を評して「あれは大化物ですよ」と筆者に語った。

常人の物差しでは計り知れないほどスケールの大きな人それが出口王仁三郎なのである。

本書においては、大本裏神業をテーマとして王仁三郎を取り上げた。ということは、大本という霊的団体を通じて世界大改造の雛型を演出したことになり、これは王仁三郎「救世主」説に基づいている。

九分九厘と一厘とで経綸は成就する、という。その最後の一厘の仕組みは、大本では打ち出されず、密かに王仁三郎の命を受けた複数の人物に託された。その筆頭格とも言えるのが、辻天水（正道）という人なのであった。

王仁三郎のいわば〝公認〟による裏神業というものが実際に存在したのかということを質問されれば、確定的なことは言えないと答えざるを得ない。ただし、北伊勢で展開された神業、そして天水のもとに伝達された神示群は、大本の系譜を引くものであることは間違いなさそうである。

今後の日本がどうなるのか、人類社会に何が起こるのかということについては、依然《いぜん》不透明である。『神言書』などの錦之宮神示にも、日月神示にも、これから起こる地球的規模の苛酷な大峠の様相が描かれている。

しかし、一面「泥の海」となる直前に、一厘の仕組みが発動し、大引っ繰り返しの大神業が行われ、「みろくの世」が顕現すると言われている。

この一厘の仕組みとは何か。これについては本書においてもメインテーマの一つとして取り上げたわけだが、結局その解答は、「言霊」の活用と関係がある、ということだけしかわからない。

然《しか》るべき人柱《ひとばしら》が、ある霊的磁場において、いわゆる「言霊神法《ことだましんぽう》」を奏上することで、本当の神力が現れる。どうもこれが一厘の仕組みの謎を解く大きなヒントらしい。

そしてそれが実際に行使《こうし》されるのは、世界の大峠の真っ最中だという。

出口王仁三郎が、大正八年八月十二日に直受した『伊都能売神諭』の最終部分には、こう示されている。

「世の立替の真最中になりたら、瑞《みづ》の御魂《みたま》は四十八の生魂《いくみたま》を以て、言霊神軍《ことだましんぐん》を組織し、之《これ》を引率して驚天動地《きょうてんどうち》の大活動を致さねばならぬぞよ。夫《それ》に就《つい》ては神界より秘策を授けて置かねばならぬことが、まだまだ沢山あるから、何時《いつ》神が何処《どこ》へ連れ参るやら知れんぞよ。一人でも、神界の大秘事、神政成就までは知らされんことがあるから、肝心の生神の居る場所へは、御伴《おとも》は一人も許すことは出来ぬから、何時王仁《おに》の姿が見えぬようになりても、心配は致して下さるなよ」

この「言霊神軍」というのは、実は大本において、雛型が打ち出されるはずであった。

というのも、この神諭の続きに、

「いよ〱になりたら、三代と大二《ひろつぐ》どのは馬に打ち乗り、古代の立派な〇《(伏字)》姿で陣頭に立ち、数万の神軍を指揮いたさねばならぬから、今のうちに瑞の身魂が心を配りて、因縁の深い身魂に内々《ないない》申し付けて、御用させておいて下され。一日も早く致さぬと、肝心のものが間に合わぬような、面倒《めんど》いことが出来《しゅったい》いたすぞよ」

と示されているからである。

三代とは、出口王仁三郎と二代教主・澄《すみ》の長女である直日《なおひ》のことで、大二とは、当初、直日と結婚して、出口家の婿《むこ》養子に入り、三代教主補になる予定だった人である。

ところが、大二は直日とは結ばれず、代わりに高見元男《たかみもとお》、後の出口日出麿《ひでまる》が婿養子となった。その理由を、筆者は矢野シンの証言から聞かされているが、もはや今となっては重要なことではないので、ここで取り上げることは避けたい。

ともかくこのような経緯で、言霊神軍の型は演出されなくなり、仕組みが変更となったのである。

そうすると、言霊神軍の型は、これから然るべき身魂が神より選定され、神意に基づいて打ち出されることになるのかもしれない。ただし、それを誰が行うことになるのかは、現在は未定であるとしか言いようがない。

いずれにせよ、神に使われるような人柱として立つには、その身魂が磨けていなければ意味がない。そのために、錦之宮神示でも、日月神示でも、「身魂磨き」ということがくどいほど強調されているのである。

六年八ヵ月に及ぶ拘留にピリオドを打ち、王仁三郎は、昭和十七年八月、一族の待つ亀岡の中矢田農園に帰ってきた。それから彼は、長きにわたり抑圧されてきた創造のエネルギーを噴出させ、何かにとり憑かれたように焼き物作りに没頭する。

昭和十九年十二月より、「天国茶碗」と呼ばれる楽焼の製作が始まった。この製作に注がれたエネルギーは尋常なものではなかったらしく、一個一個作るごとに、王仁三郎は精気を失っていくようであったという。それほど全身全霊を込めて茶碗を作った。

その工程は、土に金粉を混ぜ、水を加えて練り固め、王仁三郎自らの手で約千回ずつ突き固めた後、火をもって焼くというものだった。まさに、火と水の洗礼により作られた茶碗の数は、三千個余りにものぼった。

王仁三郎製作の楽焼は、美術工芸界や茶道界に一大センセーションを巻き起こした。

昭和二十四年、日本美術工芸社主幹・加藤義一郎は、王仁三郎の楽焼を見てその素晴らしさに驚嘆し、その鮮烈な感動を「燿碗顕現《ようわんけんげん》！」と表現した。そして、これこそ明日の茶碗であると、日本美術工芸誌（同年三月号）に発表している。

その他にも多くの美術家、陶芸家、茶道家らが絶賛の意を表し、京都市立美大助教授の木村重信などは「将来、かならず国宝になる」と評したほどであった。

王仁三郎は、この楽焼製作によって何を暗示したのであろうか。茶碗とはすなわち器であり、それは人としての「器」にも通じる。

そこには、神により鍛えに鍛えられ、練りに練られた一騎当千《いっきとうせん》の人柱が、三千人現れるという意味があったのだろうか。たしかに日月神示にも、「三千の足場早うつくれ」などと示されている。

それを裏付けるかのように、王仁三郎は、三千余りの茶碗を作り終えた後、こう言い残している。

「容れ物は作った。あとは中身だけだ」

――と。

本書を執筆するにあたり、青砥代矢子女史、至恩郷の岡本三典女史、そして錦之宮の辻公仁氏に多大なるご協力を頂きました。また、オニケン情報センターの内藤幸平君にも、資料収集等の面でお力添えを頂きました。皆様にはこの場をお借りして、厚く感謝御礼申し上げます。

【参考文献】

『巨人・出口王仁三郎』（出口京太郎著／現代教養文庫）
『大本――出口なお・王仁三郎の生涯』（伊藤栄蔵著／講談社）
『大本神諭（天の巻・火の巻）』（出口ナオ／村上重良校注／東洋文庫）
『救世主・出口王仁三郎』（泉田瑞顕著／心交社）
『出口王仁三郎の大警告』（泉田瑞顕著／心交社）
『出口王仁三郎　救世の賦』（泉田瑞顕著／心交社）
『神霊正典』（矢野祐太郎著／神政護持竜神会）
『神の世界の御話』（矢野祐太郎謹述／神政護持竜神会）
『神政龍神会資料集成』（八幡書店）
『[完訳]日月神示』（ヒカルランド）
『龍宮神示』（神業奉仕会編／継承の道）
『神示の世界経綸書（第二巻）』（皇道赤心会編著／言霊社取扱）
『天言鏡と日月神示の謎』（神聖火燃輝宣教局編集部／言霊社取扱）

『出口王仁三郎聖師と丹波の元伊勢』（愛善苑）
『入蒙秘話・出口清吉と王文泰』（出口和明著／いづとみづ）
『元伊勢の秘宝と国宝海部氏系図』（元伊勢籠神社社務所発行）
『丹後超古代秘話・眠れる異能者への伝言』（オリエント倶楽部著／たま出版）
『【復刻版】出口王仁三郎　三千世界大改造の真相』（中矢伸一著／ヒカルランド）
『日本建国の暗号』（中矢伸一著／ビジネス社）
『封印された日本建国の秘密』（中矢伸一著／日本文芸社）
「至恩通信」（至恩郷発行）
「錦之宮通信」（錦之宮発行）
「真正日本」（真正日本を考える会発行）

中矢伸一　なかや しんいち

1961年、東京生まれ。

３年に及ぶ米国留学中、日本を離れて外国で生活したことがきっかけとなり、日本と日本民族の特異性を自覚する。

帰国後、英会話講師・翻訳・通訳業に携わる一方、神道系の歴史、宗教、思想などについて独自に研究を進める中、ほとんど世に知られないまま埋もれていた天啓の書、「日月神示（ひつきしんじ）」と出会う。

「日月神示」とは、神道という言葉すらなかった時代から脈々と受け継がれて来た日本古来の叡智を開示した書物であり、これからの日本と世界が歩むべき方向性を示す指南書。

その内容に衝撃を受けると同時に、現代日本で失われつつある日本精神の本質を知る。

独自にそれを縄文神道、または日本精神のエッセンスと呼び、その研究と普及、実践に人生を捧げる。

1991年、それまでの研究をまとめた『日月神示』（徳間書店）を刊行。

いきなりベストセラーとなり、以後ヒット作を相次いで世に送り出す。

これまでに刊行した著作は共著やリメイクを含めて70冊以上。累計部数は150万部を超える。

現在、1994年創刊の会員制月刊誌『玉響』の制作・執筆を中心に活動中。

会員向け講演会も行っている。

中矢伸一オフィシャルサイト
http://www.nihoniyasaka.com

無料メルマガ「中矢伸一事務所 リアルタイムニュース」（毎月１日配信）
有料メルマガ「飛耳長目」（第２・第４月曜日配信）
http://www.nihoniyasaka.com/magazine/
Twitter「中矢伸一事務所」も随時更新中。
https://twitter.com/nakaya_shinichi

＊本書は1997年２月にKKベストセラーズより刊行された
同名書籍に加筆した復刻版です。

【復刻版】出口王仁三郎　大本裏神業の真相

第一刷　2021年10月31日

著者　中矢伸一

発行人　石井健資

発行所　株式会社ヒカルランド
〒162-0821　東京都新宿区津久戸町3-11　TH1ビル6F
電話　03-6265-0852　ファックス　03-6265-0853
http://www.hikaruland.co.jp　info@hikaruland.co.jp

振替　00180-8-496587

本文・カバー・製本　中央精版印刷株式会社

DTP　株式会社キャップス

編集担当　小暮周吾

ISBN978-4-86742-040-9

ヒカルランド　好評既刊！

地上の星☆ヒカルランド　銀河より届く愛と叡智の宅配便

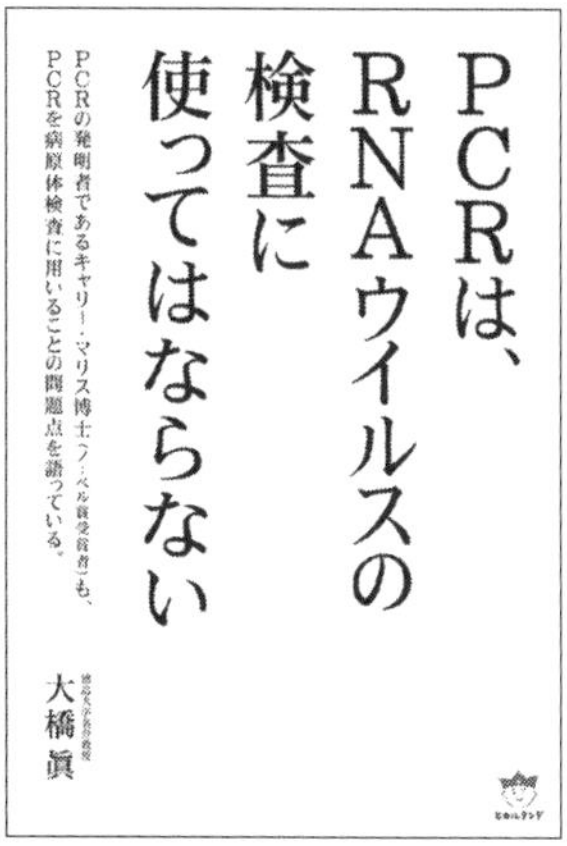

PCRは、RNAウイルスの検査に
使ってはならない
著者：大橋 眞
四六ソフト　本体1,300円+税

コロナワクチン幻想を切る
著者：井上正康／坂の上零
四六ソフト　本体1,600円+税

ワクチンSOS！
著者：高橋 徳／坂の上零
四六ソフト　本体2,000円+税

コロナは概念☆プランデミック
著者：片岡ジョージ
A5ソフト　本体1,600円+税